Briefe über die königliche Kunst

J. B. Kerning

Verlag Heliakon

Verlag Heliakon

Titel: Briefe über die königliche Kunst

Umschlaggestaltung: 2025 © Copyright Verlag Heliakon
Titelbild: Der Compaß der Weisen, Ketima Vere, Berlin, 1782

Druck und Vertrieb: ePubli – ein Service der neopubli GmbH, Berlin

Herstellung: epubli - ein Service der neopubli GmbH,
Köpenicker Straße 154a, 10997 Berlin
Kontaktadresse nach EU-Produktsicherheitsverordnung: produktsicherheit@epubli.com

Verlag Heliakon
Raidinger Straße 29
81377 München
info@verlag-heliakon.de

Die Deutsche Nationalbibliothek verzeichnet diese Publikation in der Deutschen Nationalbibliografie; detaillierte bibliografische Daten sind im Internet über dnb.de abrufbar.

Inhaltsverzeichnis

I. Teil – Die Briefe

1. Brief – Einleitung

Viel geliebter Bruder!

Ich habe dir bei meiner letzten Anwesenheit in Frankfurt versprochen, das Wesen der Freimaurerei, wie ich es durch anhaltendes Forschen im Geiste erkannt, für dich zu bearbeiten, die unabänderliche, in den Symbolen enthaltene Tendenz zu Papier zu bringen und in deinem Logenarchiv niederzulegen.

Die Arbeit, die ich unternahm, ist schwer und ohne Hilfe des göttlichen Wortes so unmöglich auszuführen, als es unmöglich ist, mit leiblichem Auge in die Ewigkeit zu schauen. Doch das Wort ist die Kraft, die vor Anbeginn war, alles gesehen und beherrscht hat und auch in der Gegenwart noch nicht verstummt ist; auf dieses bauend, beginne ich die Arbeit.

Die Freimaurerei ist eine Anstalt, die durch Symbole lehrt. Diese sind das Unabänderliche, Unabweichliche derselben. Ja sie ist, da sie die Grundkräfte des Schöpfers und der Schöpfung in ihren Symbolen aufstellt, die Lehre, alle Symbole, seien sie in ihr enthalten oder nicht, begreifen zu lernen. Ohne diese Lehre ist keiner imstande, den Geist der Symbolik irgendeiner Religion oder Mythologie zu verstehen. Darum ist die Freimaurerei wesentlich notwendig für alle, die sich einer höheren Erkenntnis hinzugeben beabsichtigen, die über den gewöhnlichen Bauernstand sich erheben und in gesellschaftlichen Kreisen ein Wort mitzusprechen berechtigt und sogar verpflichtet sind.

Dem Landmann entgeht, wenn er auch in dieser Erkenntnis zurückbleibt, darum nichts, weil ein positiver lebendiger Glaube ebenso sicher führt, als die Erkenntnis selbst. Freilich aber müssen dann diejenigen, die Zeit und Fähigkeiten besitzen, zur Erkenntnis zu dringen, ihre Schuldigkeit tun, und mit Tat und Wort einen solchen Glauben lebendig zu erhalten suchen.

Da kein Zweifel ist, dass wir unter die letzteren gehören, so wollen wir das Unsrige tun, damit unsere Schuld abgetragen wird und wir in der Stunde der Entscheidung Rechenschaft geben können. Von dieser Ansicht ausgegangen, war es deine Pflicht, mich zur beginnenden Arbeit aufzufordern, so wie es meine Pflicht ist, deiner Aufforderung zu genügen. Die Bruderliebe, die dabei ins Spiel kommt, wird mir die Arbeit erleichtern, und die Aussicht auf einen freundlichen Blick und Händedruck ist mir schon im Voraus Lohn dafür.

2. Brief – Eintritt in die Loge

Wir wollen, da das Material so viel ist, ohne ferneren Umschweif zur Sache schreiten und uns in die Hallen oder doch wenigstens in das Logengebäude begeben, um da zu sehen, was mit uns vorgenommen wird.

Da außer dem Ritual keine einzige untrügliche Andeutung vorhanden ist, so wollen wir dasselbe ins Auge fassen und aus ihm die gehofften Resultate ziehen. Der Akt der Aufnahme ist diejenige Arbeit, wo uns das Ritual stets vollständig vorgeführt und dadurch Gelegenheit gegeben wird, es in allen Beziehungen untersuchen zu können.

Der erste Akt des Rituals ist das Einführen des Suchenden durch den Paten in die Vorbereitungskammer, wo, nachdem jener mündlich oder schriftlich das Versprechen gegeben, über alles, was ihm begegnet, die Aufnahme mag vor sich gehen oder nicht, das tiefste Stillschweigen zu beobachten, zur Ausnahme geschritten wird. Jetzt wird ihm gleichsam als Grundpfeiler die Lehre geboten: in sich selbst einzugehen, sich selbst kennenzulernen.

Durch diese Mahnung wird er von der Außenwelt abgezogen und auf sich selbst gewiesen. Endlich wird er in die schwarze Kammer geführt. Hier sieht er gewöhnlich, je nachdem die Einrichtung derselben, Bilder des Todes, mit einem Worte die Vergänglichkeit des menschlichen Lebens. Er fühlt sich, vielleicht zum ersten Mal in seinem Leben, geschieden von der Schöpfung, gleichsam im Chaos, im Uterus der Natur, um sich zum eigentlichen Dasein, zum Eintritt in den Tempel des Lichts vorzubereiten. Wenn Pate, Präparator und Redner ihre Schuldigkeit tun, so muss der Suchende in eine Stimmung versetzt werden, wo er, von der Außenwelt abgezogen, nichts mehr denkt und fühlt, als sich selbst, und daher ganz geeignet ist, mit verbundenen Augen in die Loge geführt zu werden. Hier steht er nun, unter lauter Sehenden, ein Blinder und harrt gedankenlos der Dinge, die da kommen werden.

Jetzt beginnen die Reisen. Moralische Sprüche und herrliche Humanitätslehren empfängt er nach unseren verbesserten Ritualen auf diesen; allein der wesentliche Sinn derselben, so wie er in der schwarzen Kammer die Erde besiegt, nun auch Luft, Feuer und Wasser besiegen zu lernen, ist leider so sehr außer Acht gelassen, dass man kaum noch Spuren davon sieht und sie als ein leeres, den Nimbus steigerndes Zeremoniell betrachtet.

Hier fängt das Ritual an, wesentlich zu werden, und man hätte diese Natursymbole um keinen Preis schwächen und verwischen sollen. In die

Materie hat sich der Geist begeben, ihn aus dieser herauszuziehen und zu einem freien Ich zu bilden, ist die Aufgabe der menschlichen Natur, und wie kann der Mensch diese lösen, wenn ihm das Material nicht vor die Sinne geführt wird.

Endlich kommt die Verpflichtung und die Erteilung des Lichts. In den Eidesformeln der 3 Grade ist eigentlich der Gang der naturgemäßen Lehre des Ordens vollständig angedeutet. Das Licht aber, das man dem neuen Bruder gibt, ist der Zenit alles dessen, was man erteilen kann.

Man nimmt ihm die Binde von den Augen. Mit der Binde sind wir beim hellsten Lichte in der Finsternis, wie aber die Binde abgenommen ist, so sehen wir. Gebt dem neuen Bruder das Licht, will nichts anderes heißen, als ihn von der Binde, die ihn vom Lichte trennt, zu befreien. Es ist hier aber nicht das sinnliche, sondern das innere Auge gemeint, welches mit unzähligen Binden von Vorurteilen, Aberglauben, rationalistischen Ideen und Leidenschaften umhüllt ist, welches jetzt wieder in den Zustand des Sehens versetzt werden soll.

Jetzt hat der junge Maurer das Licht, d. h., die Binde ist ihm vom Auge genommen, er sieht. Nun erst ist er fähig, die Lehre, sich als Freimaurer ausweisen zu lernen, zu empfangen. Er tritt vor den Altar und der Meister erteilt ihm die Instruktion, die wofern sie nicht von Maurern verstümmelt worden wäre, alles enthält, was die Geschichte uns Großes, Erhabenes und Göttliches aufbewahren konnte. Dieser Instruktion, sich als Freimaurer ausweisen zu lernen, will ich einen eigenen Brief widmen, damit ich dich ganz in das Meer des Geistes hinein werfen und dir den Beweis liefern kann, dass du trotz deiner liebenswürdigen Bescheidenheit so gut schwimmen kannst, als irgendeiner der Geschichte.

3. Brief – Der Unterricht, sich als Freimaurer ausweisen zu können

Wenn man etwas treibt, so muss man es können. Wollte einer den Pinsel gebrauchen, ohne malen zu können, so wäre er ein Schmierer. Wollte einer durch schöne mathematische Instrumente uns weiß machen, er sei ein Mathematiker, so wäre er ein Lügner. Wollte uns einer durch auswendig gelernten Vormachen von Zeichen, Griff und Wort beweisen wollen, er sei ein Freimaurer, so wäre er kein Haar besser, als die Obigen.

Du siehst, die Sache beginnt ernsthaft zu werden. Sie ist auch ernsthaft, insofern sie alles enthält, was dem Menschen zu wissen nützlich und nötig ist und diejenige Freiheit geben kann, wo er keine Bibliotheken, keine Schule und keine Lehre mehr braucht und alle Erkenntnis aus sich selbst zu schöpfen vermag.

Wir haben schon einmal in dem Gärtchen vor dem hübschen Bad in Krontal den Gelehrten und den Sichselbstkennenden einander gegenübergestellt und gefunden, dass der objektiv Gelehrte sich von dem subjektiv Wissenden zurechtweisen lassen musste.

Also aufgepasst! Der Meister spricht in seinem Amt, in seiner Würde, und da müssen alle, und wenn auch hochwürdigste Großmeister und sogar souveräne Ritter und Prinzen als Zuhörer da wären, aufmerksam sein, ihm Glauben schenken und in sich selbst im nackten Menschenkleide die Wahrheit suchen. —

Mehrere Symbole hat die Neuerungssucht mit der Erklärung ausgelassen, sie seien ganz unbedeutend und man habe an dem noch Vorhandenen genug, sich einander zu erkennen zu geben.

Hier muss ich die unumstößliche Bemerkung einfließen lassen und diktatorisch aussprechen: Kein Symbol, womit die Freimaurerei sich auszuweisen hat, ist zufällig oder willkürlich aufgestellt, alle haben wesentlichen Inhalt, sind selbst, was sie sind, daher sollten die Fragen:

Was bedeutet oder was heißt dies Symbol? — abgeschafft werden und dafür nur die Frage festgesetzt werden: Was ist dies Symbol? Du, als Stockgelehrter, wirst mir vielleicht zuerst widersprechen und sagen: Kein Symbol ist die Sache selbst, sondern bedeutet die Sache.

Wenn ich dich aber frage, was bedeutet das **I** auf der Lehrlingssäule, so kannst du doch vernünftiger Weise nichts anderes sagen, als: es bedeutet nichts, sondern ist ein **I**.

Wenn ich dich ferner frage: Was bedeutet oder was heißt die Lehrlingssäule, so kannst du mir keine vernünftige Antwort geben; frage ich aber: wie heißt oder was ist die Lehrlingssäule? So wird keiner um die Antwort verlegen sein und gleich sagen: Es ist die Säule **I**.

Auf solche Weise lassen sich beinahe alle Symbole, welche die Instruktion, sich als Freimaurer ausweisen zu lernen, in sich schließt, behandeln. Bei den übrigen magst du dir die Fragen selbst geben und selbst beantworten.

Die Symbole der benannten Instruktion sind doppelter Natur; entweder sind drei Symbole in einem begriffen und machen ein vollständiges System aus, oder ein einzelnes Symbol bezeichnet die Sache, die man vor die Sinne zu führen beabsichtigt. Es gibt 12 Gattungen von Symbolen, wodurch der Lehrling sich als Freimaurer bilden und ausweisen kann, von denen aber das erste schon seit langer Zeit übergangen und dem zufälligen Beschauen des neuen Bruders überlassen wird.

Der Grund mag sein, weil man den Bekennern derfelben früher nirgends, jetzt aber in einigen Logen den Zutritt gestattet. Die 12 Symbole find folgende:

1. Säulen und Altar.
2. Die 3 großen Lichter: Zirkel, Winkelmaß u. Bibel.
3. Die 3 kleinen Lichter: Sonne, Mond und Meister vom Stuhl.
4. Zeichen, Griff und Wort.
5. Besondere Art zu klopfen.
6. Not- und Hilfszeichen.
7. Die Arbeit des Lehrlings am rauen Stein.
8. Der Lehrling arbeitet an der nordwestlichen Seite des Tempels.
9. In der Säule I sind die Arbeitswerkzeuge und der Lohn aufbewahrt.
10. Der Lehrling ist 3 Jahre alt.
11. Der Tempel des Lehrlings hat 3 Stufen.
12. Der Tempel der Freimaurerei ruht auf den 3 Pfeilern: Schönheit, Weisheit und Stärke.

Die Symbole, die Vollständige Systeme in sich schließen, sind:

1. Säulen und Altar.
2. Die 3 großen Lichter.
3. Die 3 kleinen Lichter.
4. Zeichen, Griff und Wort.
5. Die Säulen mit den Instrumenten und dem Lohn.
6. Die Pfeiler: Schönheit, Weisheit und Stärke.

I. Säulen und Altar sind Noachidischen, nach unserer Denkweise jüdischen Ursprungs; denn wir finden sie nach Josephus vor der Sündflut von Noah errichtet, um den nachfolgenden Geschlechtern die Lehre des Namens

Gottes zu hinterlassen. Moses nahm sie in seine Stiftshütte und später Salomo in seinen Tempel auf.

2. Die 3 großen Lichter sind christlicher Natur; denn Christus spricht in der Offenbarung Johannis: »Ich bin das **A** und das **O**; da nach historischen Angaben in allen geistigen Institutionen das Winkelmaß das **A** und der Zirkelkreis das **O**, wie sie die Natur schreibt, behandelt wurden, so macht sich Christus selbst zum Zollstab, womit er die Fronten und Durchmesser aller Formen misst. I. A. O. wurde in allen Mysterien und religiösen Korporationen als die Wurzel des Namens Gottes behandelt und darum durfte diese Wurzel in unserem Bunde nicht fehlen.

3. Die 3 kleinen Lichter beziehen sich auf die Lehre des Mithras, der in Licht und Widerschein auf die Tätigkeit der ganzen Schöpfung erkannte. Sein Tempel umfasst zwar nur das Planetensystem, ist aber dessen ungeachtet noch groß genug, die Herzen der Mitglieder, die dieser Lehre anhängen, zu erweitern und für alle Eindrücke Gottes und des Geistes fähig zu machen.

Nach Mithras ist das Innere von der sichtbaren Sonne die Wohnung des Geistes Gottes, der sich auf die Planeten ergießt und gemildert wieder an sich zieht. Wenn wir nun alles, was auf den Planeten sich befindet, von der geringsten Pflanze bis zum gotterleuchteten Menschen ins Auge fassen, wenn wir bedenken, dass der Dust, die Farbe und Formen der Pflanzen, dass die Gestalt, Gefühle und Instinkte der Tiere und dass endlich die Gedanken, der freie Wille und die angeborene Gesetzlichkeit Sittlichkeit und Moralität des Menschen zu diesem Zurückstrahlen gehören, so mögen wir uns einigermaßen einen schwachen Begriff von der Mithraschen Sonne und ihrem Lichte machen.

Der Meister vom Stuhl, der zu diesen 3 Lichtern gehört, ist aber nicht diejenige Persönlichkeit, die gerade auf dem Meisterstuhl sitzt, sondern es ist die ganze Menschheit in ihrer zum Denken und Wollen geschickten, aufgerichteten und mit wunderbaren Sprachwerkzeugen ausgerüsteten Gestalt, die zwischen den Planeten und der Sonne herrschend steht und sich mit dem Planetarischen wie mit Gott verbindet.

Diese Lichter werden zwar bei unseren Arbeiten wenig beachtet, aber dennoch sind wir unseren Vätern zu hohem Dank verpflichtet, dass sie solche in unserem Tempel ausgestellt und uns ein Zeugnis unserer Vorurteilslosigkeit gegeben haben. Dadurch, dass unsere Fantasie nach dieser Lehre nicht nötig hat, die ganze unermessliche Schöpfung zu umkreisen, welchem Flug kein Sterblicher gewachsen ist, sehen wir uns der Gottheit näher gebracht und sind eher imstande, sie in unser Gemüt auszunehmen und die Gefühle des Denkens, der Verehrung und Liebe wieder zum Ursprung zurückzusenden. In der Vorchristlichen Zeit schien dieser Planetentempel manchen Institutionen zu klein gewesen zu sein und sie machten daher die 12 Himmelsgestirne zu ihrem Tempel; aber ich fordere jeden aus, zu versuchen, sich diesen Riesentempel vorzustellen und er wird gleich empfinden, dass er einer solchen Idee nicht gewachsen ist, sondern statt sich zu befestigen, in Atome auflöst. Dem Stifter der christlichen Religion war der Mithrastempel noch zu groß, und darum weist er seine Anhänger an ihr eigenes Herz, in welchem Himmelreich, Gott und Ewigkeit zu finden sind.

4. Zeichen, Griff und Wort. Was sind diese dem Freimaurer? Hier erlahmt die Feder, sie will nicht schreiben, was dem Menschen so nahe liegt. Zeichen, Griff und Wort sind die technischen Mittel, den Geist je nach Maßgabe des Fleißes und der Unbefangenheit zu wecken und zur höchsten Erkenntnis und Wirksamkeit zu bringen. Technische Mittel zur Erkenntnis des Geistes! Ruft hier die Menge. Wunderbar ist es, aber doch wahr.

Unverdient besitzt der Mensch diese Mittel, aber er besitzt sie doch. Unwürdig ist er solcher Mittel, weil er sie nicht benützt. Diese Mittel sind das Kapital, das wir von Gott empfangen, um Zinse dafür zu erwerben. Zeichen, Griff und Wort sind die unfehlbaren Potenzen, die an keine Zeit, keine Sprache, kein Klima, kein Buch und an keine Gelehrsamkeit gebunden sind. Zeichen, Griff und Wort, ach, ihr verkannten Mittel, die den Menschen allein erheben und eine Einheit unter allen Völkern und Zungen herstellen könnten, wo der Ungelehrte neben dem Gelehrten und der schlichte Landmann neben dem Bischof und Prälaten in die Kirche gehen dürfte. Zeichen, Griff und Wort!

Die Menschen haben nicht nur den Glauben an Euch, sondern auch den Mut und die Geduld verloren, durch Euch Proben zu machen. Sind die Menschen denn Eurer so gänzlich unwürdig geworden, dass Ihr ihnen auch die Kraft entzieht, Euch zu gebrauchen?

Haben die Menschen denn allen Sinn für Religion verloren, dass sie den Stifter ihrer Religion, den sie dem Munde nach mit vollen Backen loben, auch nicht in dem geringsten seiner Worte nachzuahmen streben? Nicht durch Sentimentalität und Almosenspenden, sondern durch andere Geisteswerke hat sich Christi Sendung beurkundet. Und womit hat er diese Werke vollbracht?

Antwort: Durch Handausrecken, durch Handauflegen und durchs Wort. War Christus etwa ein Blinder, ein Schwächling oder ein Heuchler? Müssen wir, wenn wir zu tun uns bestreben, was er getan, uns dessen schämen?

Der Mensch soll den Mut haben, entweder alles zu leugnen und sich der Würde der Menschheit zu entschlagen, oder aber, wo man ihm wie hier die Mittel reicht, die Probe machen; dann ist er doch kalt oder warm; in dem Halbglauben aber und in dem Indifferentismus, in welche die Menschen versunken sind, da sind sie lau und müssen notwendig ausgespukt werden.

Zeichen, Griff und Wort. — Sehen, Fühlen und Hören. — Sobald diese drei Lebenskräfte in einem Urteil übereinstimmen, dann ist das Urteil bündig und wahr. Schon in der äußern Tätigkeit finden wir dieses bestätigt.

Das Auge weiß zuverlässig, dass es etwas sieht und Gegenstände wahrnimmt, aber es kann nur der Form und Farbe nach, nicht aber dem Inhalt, dem Wesen nach urteilen. Man kann zum Beispiel dem Eisen die Farbe vom Holz oder dem Holz die Farbe vom Kupfer geben, und das Auge urteilt nach der Farbe. Hier muss das Ohr und zugleich die Berührung entscheiden.

Wir klopfen auf das als Holz gemalte Eisen und urteilen nach dem Klange ganz sicher. Die Berührung, wenn sie mit Fleiß und Vorsicht geschieht, bedarf zu einem Urteil oft nicht einmal der Beihilfe von Auge und Ohr, sie fühlt aus eigener Kraft, was der berührte Gegenstand ist. Sobald sich aber Auge, Ohr und Gefühl zu einem Urteil vereinigen, dann ist das Urteil vollkommen wahr. So in geistigen Dingen: Wir können Geschriebenes und Gedrucktes lesen, können auch aus Mienen und Gebärden die Seelenstimmung eines anderen wahrnehmen. Wir sind befähigt, die Worte eines anderen zu hören, deren Zusammenhang zu prüfen und ein Urteil zu fällen. Sowie aber das Gesehene und Gehörte auch in das Gemüt übergeht und gefühlt wird, dann ist der Zweck erreicht und das Empfangene wird zur Lebens- und zur Erkenntnisnahrung. So auch in Beziehung auf Gott: Wir sehen die Wunder seiner Schöpfung, hören seine Allmacht in Donner und Sturm und sobald diese erhabenen Erscheinungen in uns zum Gefühl der Bewunderung geworden sind, dann wird der Geist Gottes in uns lebendig. Noch mehr: Wir sehen Gottes Wort, wir hören es; sobald wir es aber auch zu fühlen und durch das Gefühl zu verstehen imstande sind, dann ist die Vereinigung mit Gott und dem Menschen hergestellt, und Gott ist im Menschen, sowie der Mensch in Gott.

Zeichen, Griff und Wort. — Sehen, Fühlen und Hören. — Das Zeichen bezieht sich auf das Auge. Allein das Auge des Menschen sieht mit Verstand und Überlegung, indem es sogleich Form, Farbe und Menge unterscheidet. So erkennt das Gefühl, ob der Gegenstand, der uns berührt, hart oder weich, stumpf oder spitzig ist. Das Ohr hört nicht chaotisch Schall, Ton und Worte, sondern sagt vom Schall: das ist nur Schall, vom Ton unterscheidet es Höhe und Tiefe, Anmut und Reinheit und auch Dicke und Dünne. Es vernimmt die Elemente des Worts, der Sprache, in welchen es mit der größten Klarheit 9 Vokale und 16 Konsonanten unterscheidet, endlich aber vernimmt es, wenn Vokale und Konsonanten sich zu Worten verbinden, die Absicht des Sprechers und sammelt daraus Stoff zum Denken. Da Zeichen, Griff und Wort sich aber ohne Beihilfe äußerer Gegenstände an uns selbst ausüben lassen, so trägt der Mensch eine eigene Welt in sich, in welcher er immer neue Erfahrungen und Erkenntnisse zu sammeln fähig ist. Der Freimaurer bildet mit der Hand ein

Winkelmaß als Zeichen. Er legt dieses Zeichen an den Hals, an die Kehle, gleichsam an die Wurzel der Sprachorgane, buchstabiert alsdann das Lehrlingswort solange, bis die Kehle geistig erweckt ist, und macht sich dadurch geschickt, frei und geistig nach innen und außen zu sprechen. Die folgenden Grade geben ihm in dieser Beziehung noch andere Mittel, und wofern er auch hier seine Schuldigkeit tut, so wird seine ganze Natur geistig erweckt, der erschlagene Meister ins Leben gerufen, der Geist des Religionsstifters offenbart sich durch das innere Wort der Weisheit und macht uns zu wiedergeborenen Menschen, zu Weisen, und wofern man nicht nachlässt zu arbeiten, zu Propheten, die im Geist und in der Wahrheit mit Gott und Menschen zu sprechen geschickt sind.

Zeichen, Griff und Wort! Wer hat sie statutenmäßig aufgestellt? — Christus hat sich ihrer bedient, das lehrt uns seine Geschichte. Bei den Brahmanen und Ägyptern findet man deutliche Andeutungen. Mit ziemlicher Gewissheit ist jedoch anzunehmen, dass Zoroaster sie zuerst systematisch behandelt und geübt habe.

Der Stab Moses war nichts anderes als ein solches Zeichen; das Wort des Geistes aber war ihm so bekannt, dass er sich vermittelst desselben jeden Augenblick mit Gott in Zwiesprache setzen und seine Befehle empfangen konnte. Auch die früheren Kirchenväter bedienten sich des Kreuzes als eines solchen Zeichens und wirkten damit größtenteils mehr als mit Predigten und Lehren.

Bald nach diesen ging der Zweig dieser Tätigkeit gänzlich verloren, sodass wir in unseren Tagen es für Auswüchse des finstersten Fanatismus erklären, oder aber als Observanzzeichen betrachten, um unseren Gehorsam, unsere Unterwürfigkeit und Demut zu bezeugen. Zu den Zeiten Christi war die Welt dem Tode verfallen, durch die Lehre der Wiedergeburt im Geiste hat er uns, wenn wir sie verstehen und benutzen, vom Tode und von der Sünde erlöst.

Hier wirst du zwar sagen: Wenn dem so ist, so können wir die Freimaurerei entbehren. Wofern die Evangelien vollständig wären, möchte sie allerdings überflüssig sein. Da aber die Lehre des Verkündigers, Johannis des Täufers, der dem Herrn, dem Meister in uns, den Weg bereiten soll, nicht in den Evangelien enthalten ist, so bleibt die Freimaurerei der Menschheit so notwendig, als dem Geometer die Anwendung von Zollstab, Winkelmaß und Zirkel.

Die Freimaurerei enthält das Urgesetz des Lebens. Zeichen, Griff und Wort sind die Mittel, solches wieder zu erkennen und durch Ausübung derselben die Unsterblichkeit zu erringen. Wer anderes lehrt, ist ein falscher Prophet, ein falscher Christus, ein Scheinweiser, der die Menschen durch den

Nimbus eines äußern gelehrten und rationellen Schimmers zum Untergang führt. Ich könnte und möchte hierüber noch vieles schreiben, allein ich fürchte dich zu ermüden, oder gar angehalten zu machen. Allein das muss ich noch beifügen, dass dieser Weg allein solche Unfehlbarkeit auf sich hat, dass er, wenn man ihn unbefangen und mit Beharrlichkeit wandelt, notwendig zum Ziele führen muss.

5. Vor uns steht die Lehrlingssäule. In ihr sind die Arbeitswerkzeuge und auch zugleich der Lohn enthalten, den wir nach fleißiger und täglicher Arbeit zu empfangen haben. Was ist das? Liegt wohl ein positiver Sinn in diesem Symbol? Man hat es in den meisten verbesserten Ritualien weggelassen, weil man es für zweck- und bedeutungslos gehalten und nicht mehr eingesehen hat, dass ein ganzes System in ihm enthalten ist. Du wirst sagen: Hier schwärmt mein Bruder ein wenig, denn welche Instrumente und welcher Lohn können darin aufbewahrt sein? Das will ich dir sagen. Auf der Säule steht ein I. Was ist das I? höre ich dich weiter fragen.

Ein nur ein bischen aufgeweckter Schulknabe würde sagen: Das I ist ein Vokal. Wenn man nun weiter fragte: Was wohl in der Säule sein werde, so würde er einigermaßen in Verlegenheit kommen; ein Physiolog aber würde sagen: Gleiches findet sich stets zum Gleichen. Hinter dem I müssen daher die anderen Vokale sein.

So ist es auch. Außen steht das I als spitzigster Vokal und öffnet den Eingang in das Innere. Welches ist aber der Lohn? Wirst du jetzt fragen. Ich antworte: der Lohn ist das Wort, das aus der Zusammensetzung der Buchstaben entsteht. Aber wirst du weitererwidern: Mit Vokalen kann man noch keine Worte bilden und noch nicht sprechen. Diese Bemerkung ist nicht ganz ohne Grund.

Aber wenn man bedenkt, dass wir neun Vokale sprechen können, die in ihrer Versetzung über Viermalhunderttausend Abänderungen erleiden, so ließe sich doch wahrlich eine ziemlich reiche Sprache daraus bilden. Zudem müssen wir auch bedenken, dass wir noch an der Lehrlingssäule stehen, wo es sich nicht sowohl um Begriffe, als um den deutlichen Gebrauch der Elemente handelt.

Ich meine, hierüber genug gesagt zu haben, und füge nur noch bei, dass man die Zeit der Aufstellung nicht weiß. Ich bin geneigt, es dem König Salomo zuzuschreiben, doch habe ich keine Belege dafür.

6. Die 3 Pfeiler des Freimaurertempels: Schönheit, Weisheit und Stärke sind die eigentlichen Symbole für gelehrte Freimaurer. Allein sie sind in unseren Hallen so wenig erkannt, als in der profanen Welt, ungeachtet man beinahe in allen feierlichen Versammlungen fleißig ausgearbeitete Zeichnungen darüber hört.

Der Irrtum, der immer zu neuen Irrtümern führt, besteht darin, dass man die Weisheit als die oberste Eigenschaft Gottes bezeichnet. Diese Behauptung ist um kein Haar besser, als wenn der Rationalist sagt: Gott ist die reinste Vernunft. Weisheit und Vernunft sind Lichter, die man besitzen kann, aber unbedingt einen Besitzer voraussehen. Gott ist vollkommene Kraft und da eine positive Kraft nicht müßig sein kann, so wirkt sie ununterbrochen fort, und da die Kraft Gottes vollkommen ist, so tragen alle ihre Werke die Vollkommenheit in sich.

Diese Kraft beschaut dann ihre Werke und sagt sich: Ei, wie weise! Die Weisheit sieht die Harmonie in der unendlichen Mannigfaltigkeit und sagt: Ei, wie schön! Die Urkraft Gottes, die Stärke, stieg durch Weisheit und Schönheit zum Menschen herunter; der Mensch aber kann durch Schönheit und Weisheit sich zur Stärke, zur Urkraft, zu Gott erheben. So ist es mein Bruder und keiner, wenn er auch die Schriften aller Zeiten und Nationen gelesen hätte, kann einen anderen vernünftigen Stufengang angeben. —

Freilich ist es schwer, in diesem System zu einer eigenen, inneren, positiven Erkenntnis zu gelangen, wenn man sich nicht durch Zeichen, Griff und Wort und durch den Gebrauch der Instrumente und des Lohns, die in der Säule enthalten sind, vorbereitet hat. Also Hand ans Werk, mein teurer Freund und Bruder, damit wir, wie diesseits, auch einst jenseits Schmollis trinken und uns nicht nur lieben, sondern uns der Liebe auch freuen können.

4. Brief – Die einfachen Symbole

Der letzte Brief war lang und schwül, und ich fürchte fast, er könne dir Anfechtungen gemacht haben, und freust dich jetzt, eine leichtere Speise zu erhalten. Die einfachen Symbole sind freilich nicht so komplizierter Natur, aber ich denke doch, du werdest dich einige Male über das Wesen derselben verwundern. Doch zur Sache.

Einfach ist ein Symbol, wenn es ohne Beihilfe eines anderen sich ganz und deutlich ausspricht. Solche Symbole sind, wie wir oben gesehen:

1. Das Klopfen.
2. Das Not- und Hilfszeichen.
S. Der raue Stein.
4. Die nordwestliche Seite des Tempels.
5. Das Alter des Lehrlings.
6. Die Stufen seines Tempels.

1. Das Klopfen bezieht sich auf den Takt der Natur, der, wie der Pulsschlag den menschlichen Körper in Tätigkeit erhält, der ganzen Schöpfung Bewegung und Ordnung mitteilt. Die moralische Lehre für den Freimaurer ist die, nicht nur den Raum, sondern auch die Zeit regeln und messen zu lernen. Wie der Körper durch einen richtigen, ruhigen, taktmäßigen Pulsschlag die Gesundheit anzeigt, so ist die Ordnung der Zeit ein Zeichen der Gesundheit der Seele. So wie der Geometer nicht nach Laune, sondern nach einer bestimmten Aufgabe Linien und Winkel ziehen darf, so muss der Freimaurer, seiner Aufgabe gemäß, die Zeit messen, sonst hat er keinen festen Punkt, keine Gegenwart, von wo aus er in Vergangenheit und Zukunft schauen kann. Ein Mensch, der die Gegenwart nicht gewonnen, ihrer nicht Herr geworden ist, gleicht einem Geometer, der den Mittelpunkt seiner Figuren und des Kreises nicht zu finden im Stande ist.

So wie ein solcher Geometer aus seiner Gilde ausgestoßen wird, so muss es notwendig demjenigen gehen, der den Mittelpunkt seines Lebens, die Gegenwart, niemals gefunden, oder wenn auch gefunden, wieder verloren hat. Die Regel ist demnach diese: Miss und ordne die Zeit, geh zu diesem Zweck vom Mittelpunkt, von der Gegenwart aus, und du wirst Herr, nicht nur der Zeit sondern auch der Ewigkeit. An das vorhergegangene Zeitmaß knüpft der Musiker den im Augenblick vorzutragenden Takt, von diesem aus geht er in derselben Bewegung bis zum Schluss. Würde er anders verfahren, so würde er ausgespottet und dürfte nicht mehr unter den Musikern erscheinen. Wir wollen diese Gleichnisse uns zu Gemüte ziehen und taktmäßig klopfen und leben lernen, dass es eine Freude sein soll.

2. Das große Not- und Hilfszeichen ist nach meinen Beobachtungen das Wichtigste, was die Freimaurerei ihren Jüngern mitteilt. Nicht genug, dass wir damit andeuten, dass die Weisheit, die Stimme des Geistes oder das Wort zur Witwe geworden ist, besitzt das Zeichen selbst eine solche Kraft, dass man sich nur wundern muss, wie man dieselbe verkennen, vergessen und die eigene und die Wohlfahrt der Menschheit dem Zufall übergeben konnte.

Zu mir, Ihr Söhne der Witwe! heißt der Aufruf. Söhne der Witwe sind nicht nur die noch lebenden, sondern auch diejenigen Freimaurer, die seit dem Witwenstande der Weisheit in die Einigkeit eingegangen sind. Zu mir, Ihr Söhne der Witwe! Bei diesem Aufruf faltet man die Hände, geht damit über den Kopf, bildet auf diese Art einen Bogen und hält die Handflächen, die voll von Gefühls- und Nervenleben sind, in die Höhe und saugt, da der Mensch auch durch die Hände atmet, die reinsten und kräftigsten Lebenselemente und geistige Wirksamkeit ein. Wer sich nur halbwegs durch Zeichen, Griff und Wort und durch das Eingehen in die Säule, um die Instrumente und den Lohn zu holen, vorbereitet hat, der muss den Einfluss dieses Zeichens fühlen. Heilige Witwe, göttliche Weisheit, ewige Stimme Gottes! Trauert nicht länger. Wir wollen Euch wieder suchen, wieder finden, Euch in Anwendung setzen, damit Euch Euer Ruhm nicht ferner durch sentimentale auswendig gelernte Sprüche und durch romanhafte Ideen entzogen werde.

3. Der Lehrling arbeitet am rauen Stein, der er selbst ist. Er muss die Zacken und Buckeln weghauen, dem Stein eine kubische Form nach Länge, Höhe und Breite geben, damit er zum Bau verwendet werden kann. Es gibt kein Bild, das unsere Tätigkeit so augenscheinlich bezeichnet, wie dieses. Welches sind die Zacken und Buckeln der menschlichen Seele?

Antwort: alle Leidenschaften, als da sind: Stolz, Hochmut, Habsucht, Ehrgeiz, Neid, Hass, Genusssucht in allen Zweigen des sinnlichen Lebens, und endlich die Vorurteile und Meinungen, mit welchen jeder mehr oder weniger umhüllt ist. —

Wahrlich, ein schönes Stück Arbeit, das, wenn es pünktlich ausgeführt ist, uns leicht geschickt machen kann, uns zu messen, zu erkennen, und das eigentliche Leben vom bloßen Scheinleben zu unterscheiden. Allein das Bild des rauen Steines ist auch in anderer Beziehung für den Freimaurer wichtig und lehrreich; es zeigt ihm, dass nur harten Stoffen eine bestimmte, richtige Form zu geben ist. Wer daher nicht einen höheren Grad von Willenskraft sich zu eigen macht, hat niemals Resultate zu hoffen.

Ferner lehrt uns der raue Stein, wie nur aus den härtesten Stoffen Licht zu ziehen ist. Wir würden vergebens suchen, aus Schwamm oder aus Gras

Lichtfunken hervorzubringen, aus Steinen entlockt man mit Leichtigkeit Feuer. Durch je rohere Stoffe das Licht dringt, desto reiner entwickelt es sich. Nach diesen Betrachtungen wird es uns klar, warum der Tempel der Freimaurerei von dem Mittelpunkt der Erde bis in die Wolken reicht.

Von oben kommt das Universallicht, in der Erde und im Menschen mildert es sich, und macht sich tauglich, sich mit uns homogen zu verbinden und geistig zu nähren, so wie das Meerwasser durch die Erde dringen und sich gemildert in einer Quelle sammeln muss, um für die Menschen genießbar zu sein. Weit ist das Feld solcher Betrachtungen und wer die Mühe nicht scheut, solche anzustellen, wird den Einfluss empfinden und zu Erkenntnissen gelangen, von denen er früher keine Ahnung gehabt.

4. Der Lehrling arbeitet an der nordwestlichen Seite des Tempels im Schatten. Er kann das Licht noch nicht ertragen. Er weiß, welch ein Licht er zu suchen hat, aber er ist noch so fern davon, dass ihm sein jetziger Standpunkt und das Ziel selbst zu geschieden erscheinen, als dass sie sich jemals vereinigen könnten.

Und diese Entfernung, diesen Schattenzustand, treffen wir in allen Fächern des menschlichen Strebens und Erlernens. Wollte man dem Lehrling gleich das volle Licht geben, so wäre es gerade, als wollte man dem angehenden Maler zumuten, eine Madonna zu verfertigen, oder dem Musikspieler, ein schweres Konzert zu spielen.

Beide müssen von Grund aus anfangen, die Elemente üben, nach und nach zu leichten Produktionen schreiten und durch alle Labyrinthe der Schwierigkeiten dringen, bis sie nur den Versuch machen dürfen, sich als Meister zu zeigen. Wenn der Maler freilich nur den Pinsel, und der Musiker sein Instrument zeigen dürften, um sich als Künstler auszuweisen, so bedürften sie auch keines Lichtes, keiner Virtuosität, dann könnten sie es machen wie die Freimaurer, sie brauchten bloß eine unzusammenhängende Geschichte ihrer Kunst vorzutragen, und ihre Kunstwerkzeuge als Erkenntnissymbole zu benützen, so wären sie zwar nicht im Licht, der große Haufe aber würde sie nicht nur für Lichtfreunde, sondern für Lichtmänner verehren. Bei jeder Kunst und Wissenschaft muss elementarisch verfahren werden.

Der Musiker muss die Töne üben, der Maler Linien ziehen und Farben mischen lernen, der Rechner das Einmaleins auswendig wissen, dann steigen Alle nach und nach zum Begreifen und endlich zur Ausübung

5. Der Lehrling ist 3 Jahre alt. Dieses Symbol ist eigentlich dasjenige, welches am wenigsten wesentlich ist. Es bezieht sich hauptsächlich auf die drei Lebensepochen, welche dem Lehrling klar vor Augen schweben, diese sind: das Knabenalter, das Jünglingsalter mit seinen Träumen, Plänen und Unarten; endlich die Epoche, wo man die Notwendigkeit einsieht, einen festen

Standpunkt zu suchen, zum Mann zu werden, und über den Zweck seines Daseins einige Gewissheit zu erlangen. Diese drei Lebensepochen sind die drei Jahre seines Alters, und wohl ihm, wenn er jetzt den Mut fasst, in die Zukunft zu schauen, um dort fruchttragende Lebensepochen zu suchen. Das dreijährige Alter des Lehrlings bezieht sich auch auf die geometrische Tendenz unserer Anstalt, indem er den Kreis der Schöpfung, oder einen von ihm verfertigten Zirkelkreis noch nicht anders als mit dem gleichschenkligen Dreieck, das noch nicht einmal die Hälfte des Kreises in sich aufnimmt, zu messen fähig ist. Wer die Schärfe seiner Denkkraft üben und bewahren will, soll diesen Zweig maurerischer Tätigkeit ja nicht ganz beiseitelegen und für überflüssig oder gering halten.

6. Der Tempel des Lehrlings ist in drei Stufen abgeteilt. Der Tempel der Freimaurerei ist die menschliche Gestalt. Dem Lehrling teilt sich diese in drei Hauptteile: in Beine, Körper und Haupt. Wofern er Zeichen, Griff und Wort fleißig übt, täglich die Instrumente benützt und seinen Lohn holt, so kann es nicht fehlen, dass er in kurzer Zeit die Notwendigkeit dieser Abteilung erkennt und in ihr den Weg zu einem anderen Tempel findet, welcher in mehrere Stufen abgeteilt ist. Der Mensch muss sich geistig erwecken von der Fußsohle an bis auf den Scheitel des Hauptes. Wer hier den Gang der Natur geht, und von unten aus baut, wird sicher wohnen; wer aber immer nur im Haupt lebt und baut, gleicht dem, der an der Kuppel zu bauen anfing und solche so lang auf Pfähle stellt, bis ein Sturm kam und alles zusammenriss. Vom Munde oder vom Lehrlingszeichen am Halse geht es an die in einen rechten Winkel gestellten Füße, steigt von da heran durch die Hüfte und den Leib zum Haupt und gibt uns das erste Mal eine Idee eines unabänderlichen von Gott entworfenen Plans.

Dieses sind die in den echten Ritualien notwendig enthaltenen Symbole, wo keines mangeln darf, wenn nicht eine Lücke entstehen soll. Sie sind aber auch so umfang- und inhaltreich, dass die Wissenschaft, die Weltgeschichte, die Künste und das Wesen der Religion ihre Grundandeutungen darin finden. Wer nach Betrachtung dieser Reihe von Symbolen noch sagen kann, die Freimaurerei habe keinen selbsteigenen Inhalt, sie sei weiter nichts als eine Humanitätsgesellschaft oder eine praktische Sittenlehre, der hat sich noch niemals Zeit genommen, die Sache ernstlich zu betrachten, geht blind an dem Reichtum der Natur Vorüber und klagt dabei nicht etwa über seine Blindheit, sondern darüber, dass die Natur ihn so arm gelassen.

Nicht wahr, mein lieber Bruder, wir wollen nicht blind am Reichtum vorübergehen, vielmehr wollen wir die Binde von den Augen nehmen und Reichtum sammeln des köstlichen Goldes, das für uns, schon im Voraus bereitet, bloß gesammelt sein will.

Nachdem der neue Bruder sich angekleidet, wird ihm das Ordenskleid, d. h. die Schürze gegeben. Bei diesem Akt lassen sich eine Menge moralischer Deutungen anbringen. Die zwei wesentlichsten Punkte sind bei Überreichung der Schürze folgende:

Die Schürze ist ein Bild der Sittlichkeit. Derjenige, der zuerst die Schürze getragen, hat bekannt, dass das Sittengesetz dem Menschen angeboren, und dass es notwendig sei, die schönste Lebenskraft, die Gott als Zeugungstrieb und Zeugungskraft in alle Wesen gelegt, beim Menschen zu verhüllen, um sie vor Missbrauch und Entweihung zu bewahren.

Die Schürze ist zugleich ein Bild, das uns mahnt, die Geschichte der Freimaurerei da zu suchen, wo am häufigsten, besten und für die erhabensten Zwecke gebaut wurde. Unsere Anstalt war bis 1717 mit der Werkmeister-Maurerei vereinigt, und dadurch finden wir in den Gebäuden aller Zeiten und Nationen für unsere Anstalt einen geschichtlichen Faden, der uns sicher führt, als alle speziellen Angaben. Es gibt und gab immerdar zwei Maurereien, eine werktätige und eine symbolische.

Früher machten diese beiden nur eine Gesellschaft aus, die aber in Hinsicht ihrer Wirksamkeit immer geteilt war. Diejenigen, welche sich dem Studium der Symbole widmeten, machten die Pläne, legten die Resultate ihrer Forschungen in dieselben nieder und die Werkmaurer brachten sie durch die Ausführung ihrer Gebäude ins Leben.

Wo wir diese symbolische Baukunst sehen, bis dahin reicht unsere Geschichte. Gebäude solcher Art finden wir im Mittelalter, in Griechenland, Spanien, Afrika, Judäa, Ägypten, Asien und nach den Ruinen zu schließen, unter den Buddhisten im hintersten Asien.

Die Geschichte der Freimaurerei auf England beschränken zu wollen, wäre gerade so, als wenn ein Italiener sagen wollte: Nur das mittelländische Meer ist Meer, von dem übrigen habe ich noch keine völlige Gewissheit. Doch ich will und darf eigentlich nicht tadeln, und darum will ich jetzt den neuen Bruder in die Nordkolonne einweisen und ihn gleich Teil an den Arbeiten nehmen lassen. Wir haben nun einen neuen Freimaurerbruder.

Er ist mit der Schürze bekleidet, hat die Handschuhe für sich und seine Schwester mit erläuternden Sprüchen empfangen, sein Haupt ist bedeckt und die Brust mit dem Logenzeichen geziert; ihm fehlt nichts mehr als die Erklärung des Tapis. Diese wird nun gegeben, aber nach allen Ritualien, die ich kenne, auf eine Weise, dass es eher alles andere sein könnte, als dieses. Der Tapis ist eine Zeichnung oder ein Umriss, der die Tätigkeit der menschlichen Natur und ihres Geistes auf eine Art darstellt, die keine Beschreibung zu geben im Stande ist.

Da es aber für einen Lehrling eine zu große Aufgabe wäre, den tiefen, in ihm enthaltenen Sinn zu fassen, so wollen wir seine Erklärung noch verschieben, bis wir die Symbole des Meistergrades erörtert haben. Nur soviel muss ich sagen, dass die Sonne darauf nicht die Sonne, sondern das Antlitz des Menschen, der Mond nicht den Mond, sondern das Hinterhaupt des Menschen, fast möchte ich sagen, das kleine Gehirn, vorstellt, welches zur Zeugung auffordernd mit dem Körper und den Organen des Großhirns in Berührung steht und in Beide widerstrahlend sich ergießt und zu neuem Leben auffordert. Die näheren unabweisbaren Andeutungen in der Folge.

Ich grüße Dich und bin Dein treuer alter Studiosus, nicht nur bis ans Ende meiner diesseitigen Tage, sondern auch der jenseitigen, wo uns gewiss auch eine Sonne aus und niedergehen wird, um Tätigkeit und Ruhe, wie hier, wohltätig voneinander zu scheiden.

5. Brief – Der zweite Grad

Geliebter Bruder!

Ich habe Dir über den ersten Grad Bericht erteilt, und fürchte, du werdest sagen: da habe ich nichts sonderliches erfahren. Dem ersten Anblick nach hast Du recht, denn man liest einige Briefe durch, sieht, dass alles ganz natürlich zugeht, glaubt, es sogar längst gewusst zu haben, und denkt den anderen Tag nicht mehr darüber nach. So geht es mit allen Dingen, die man nicht mit einem großen Nimbus und imposanten Zeremoniell behandelt.

Da mir aber eine solche pomphafte Schreibart nicht eigen ist, so muss man sich begnügen, und das, was man gelesen, technisch üben, und dann wird es sich zeigen, dass mehr an der Sache ist, als man im ersten Augenblick vermutet, und dass die Idee, man habe es vorher schon gewusst, nur daraus entsteht, weil die Sache so naturgemäß ist, und man sich daher nicht so viele Mühe darum zu geben habe.

Naturgemäß denken, fühlen, hören und schauen zu lernen, ist gerade die einfache, schwierige Aufgabe, welche die Klagen nicht lösen, die Einfachen — in der Bibel steht Einfältigen — aber mit leichter Mühe ausführen.

Wir gehen zum zweiten Grad über, und da findet sich eine Einfachheit, die schon manchen Bruder zu der Äußerung verleitet hat, derselbe sei überflüssig. Überflüssig ist er nicht, weil er eigene, wesentliche Symbole hat, die tüchtig geübt sein müssen, ehe man Empfänglichkeit und Fähigkeit für den dritten Grad gewinnt. Er bildet eine notwendige Zwischenstufe zwischen dem ersten und dritten Grad, und darum wollen wir ihn so scharf ins Auge fassen, als den ersten und dann jeden darüber denken lassen, was er will.

Der Lehrling, der den Gesellengrad empfangen soll, wird examiniert und gefragt, ob er Freimaurer sei; nachdem er es bejaht, wird er ferner gefragt: woran man es erkennen soll? Und die Antwort lautet:

An Zeichen, Griff und Wort.

Hier sollte billig erforscht werden, ob er Zeichen, Griff und Wort dem Wesen nach versteht und inne habe, und ihn, wenn dieses nicht der Fall ist, wieder zurückweisen, weil ihm ohne jenes innere Verständnis der zweite Grad nichts nützen kann.

Der Gesellengrad unterscheidet sich von dem Lehrlingsgrad in folgenden Symbolen.

I. In Zeichen, Griff und Wort.

2. Durch das Passierwort mit einem Passgriff verbunden.

3. Durch die Art zu klopfen.
4. Der Geselle bearbeitet den behauenen Stein.
5. Er arbeitet an der südwestlichen Seite des Tempels an der Säule B.
6. Das Gesellenalter ist 5 Jahre.
7. Der Tempel der Gesellen ist in 5 Stufen abgeteilt.

Die anderen fünf Symbole gehören keinem besonderen Grad, sondern der Freimaurerei im Allgemeinen an.

1. Wie Zeichen, Griff und Wort gemacht, buchstabiert und ausgesprochen werden, wird in jeder Loge und jedem Ritual deutlich gezeigt; unsere Aufgabe ist, sie in ihrem Wesen so gut als möglich zu erklären.

Nebst dem, dass der Geselle wie der Lehrling, einen Bruder durch Zeichen, Griff und Wort erkennen und begrüßen kann, ebenso lassen sie sich auch speziell an uns anwenden, indem man mit der rechten Hand ein Winkelmaß, jedoch mit ein wenig gebogenen Fingern, bildet, es auf die linke Brust legt und das Wort solange buchstabiert und spricht, bis dieselbe außen und innen geistig belebt und fähig ist, das Wort von selbst zu sprechen. Hier ist nicht viel zu erklären, Übung tut alles.

2. Das Passierwort mit dem Passgriff ist ein Symbol, von welchem das Wesentliche schwer zu finden ist. Hier scheint es wirklich mehr auf ein bloßes Erkennen, als auf eine positive Erkenntnis abgesehen zu sein, und doch muss etwas tieferes hinter diesem Symbol stecken, sonst hätte es die Freimaurerei niemals in ihre Anstalt aufnehmen dürfen, wo Zufall und Willkür, wofern sich die Anstalt nicht erniedrigen soll, entfernt sein muss.

Beim Passgriff macht man zuerst den Lehrlingsgriff auf dem Knöchel des Zeigefingers und zeigt dadurch, dass der Freimaurer nicht an Fleisch und Blut hängen bleibt, sondern in das Knochensystem übergeht, um auch das Mark desselben zu beleben. Nun rückt man zwischen die beiden Knöchel des Zeigesingers und des Mittelsingers und fragt: ob man weiter wolle oder bleiben.

Erfolgt die Antwort weiter, so legt man den Daumen auf den Knöchel des Mittelsingers und lispelt sich das Wort Sch....th ins Ohr. Dieses will nichts anderes sagen, als dass man auch im Knochensystem den Mittelpunkt zu suchen und endlich in das Rückenmark zu dringen entschlossen sei, um dort das wahre S....th zu gewinnen.

In den Knochen, d. h. in dem Mark, ist das reinste Lichtleben; wer nicht dahin, sei es durch Erkenntnis oder Glauben, dringt, der hat sich noch nicht vom Tod befreit, wer sich aber bis in das Mark der Knochen fühlt, dem erwacht eine Zuversicht, die mit uns eins wird und uns gewaltsam zwingt, die richtige Bahn zu gehen.

Freilich ist der Weg bis dahin weit, sogar, wie es die Reisen bei den Ausnahmen darstellen, beschwerlich, aber Mut und der Gedanke, dass man nur im innersten Heiligtum zur vollständigen Wahrheit kommt, muss Beharrlichkeit und Stärke verleihen.

3. Der Gesellenschlag ist fünf. Zuerst zwei kurze, dann ein langer und endlich wieder zwei kurze Schläge. In den meisten Logen wird er abbreviert, indem man die zwei ersten auslässt und gleich mit dem langen mittleren beginnt.

In diesem Grad erweitert sich der Takt: wo vorher drei Schläge waren, sind jetzt fünf; die Ordnung der Zeit muss daher schon weit geregelter erscheinen, als im ersten Grad. Der lange mittlere Schlag ist die Gegenwart, die zwei ersten kurzen die Vergangenheit, und die zwei letzten kurzen die Zukunft. Die Vergangenheit stellt sich dem Gesellen in zwei Abschnitten dar, wo er erstens die geschichtliche Zeit misst, hinter dieser aber eine uneingeteilte Zeit, eine Ewigkeit sieht, aus welcher alles, was in der Zeit entsteht und geschieht, durch Schöpfungskraft hervorgegangen Herzerweiternd ist dieser Gedanke, wenn wir uns ihm einmal hinzugeben imstande sind.

Wie die Vergangenheit hinter den Blicken des Gesellen liegt, ebenso verhält es sich mit der Zukunft. Er sieht nach menschlichem Maßstabe Tage, Wochen, Monate und Jahre voraus, aber sein Geist dringt noch weiter, er sieht eine Zeit, die über dem Kalkül der Klugheit und der Demonstration steht, und findet hinter dieser abermals die Ewigkeit, in welche er einzudringen verlangt, um auch dort Erkenntnisse zu sammeln und durch das Gefühl einer reinen Liebe sich glücklich zu machen. Er hat eingesehen, dass er, wie alles andere aus der Einigkeit stammt und sucht um Mittel, wieder dahin zurück, als in seine Heimat zu kommen. Ewige Vergangenheit, ewige Zukunft und zwischen euch die Zeit gemessen und abgeteilt durch sinnliche, welthistorische und geistige Erscheinungen, ihr bildet eine solche schöne Lebensskala, dass es Frevel wäre, anders zu wandeln, als ihr uns vorschreibt.

4. Der Geselle bearbeitet den behauenen Stein. Am behauenen Stein, meint mancher, sei nicht mehr viel zu arbeiten. Leider wird diese Idee durch die Mangelhaftigkeit der Instruktion, sich als Geselle auszuweisen, noch gerechtfertigt. Man meint, man habe auf dem Bauplatz unserer Arbeit es nur mit Viereckigen, d. h. mit Quadersteinen zu tun. Der behauene Stein ist nichts anderes, als ein Stein, von welchem alle Unebenheiten, Buckeln und Zacken entfernt sind; dem Gesellen liegt nun ob, zu sehen, ob er zu einer drei-, vier-, fünf-, sechs-, sieben-, acht-, neun- oder zu einer mehreckigen Form taugt. Die Aufgabe des Gesellen ist daher, den behauenen Stein in die geeignete Form nach dem Plan des Baues, wozu alle Arten und Formen von Steinen erforderlich sind, zu bringen. Dass dieses keine so leichte Arbeit sei, kann jeder

Geometer bezeugen, indem er weiß, wie viel Kenntnis und Pünktlichkeit, alle diese Figuren nur auf das Papier zu zeichnen, erfordert wird.

Also, mein lieber Bruder Geselle, hast du dich, um dieses Symbol zu begreifen und mit Nutzen anwenden zu können, von Zeit zu Zeit mit mathematischen Aufgaben zu beschäftigen, damit deine Denkkraft geordnet bleibt und das Gefühl sich gewöhnt, die Verschiedenartigsten Eindrücke in sich wahrzunehmen.

5. Der Geselle arbeitet auf der südwestlichen Seite des Tempels; denn um die oben bezeichneten Figuren auszuführen, und zu prüfen, taugt der Schatten nicht mehr, hier muss schon ziemlich klares Licht herrschen und beinahe alle Binden müssen von den Augen genommen sein. Er arbeitet an der Säule **B**.

Was ist **B**? Ein Konsonant.

Was wird hinter diesem sein? Antwort: die anderen Konsonanten.

Woraus ist das abzunehmen? Von dem Grundsatz: Gleiches bei Gleichem. Warum steht aber gerade **B** als Vorläufer der anderen Konsonanten außen auf der Säule? Antwort: weil **B** auch bei den sinnlichen Sprachorganen zuerst auf der äußersten Grenze zwischen Sinnen- und Geisteswelt steht.

Ich muss noch länger bei der Säule **B** Verweilen, als dir vielleicht lieb ist, denn ich muss sagen, dass man ihren Inhalt gar nicht mehr seinem Umfang nach kennt. In den Konsonanten liegt die dreieinige Kraft des menschlichen Geistes, ja man könnte leicht in Versuchung kommen, als wäre die Dreieinigkeit Gottes hauptsächlich darin enthalten.

Zur Aussprache der Konsonanten sind drei Organe nötig, die sich aber dergestalt in Eines verbinden, dass man meint, es seien alle drei zusammen nur Eins. Zur Konsonantierung bedürfen wir Lippen, Zunge und Gaumen. Um dem Worte aber alles zu geben, was eine vollkommene Schöpfung bedarf, so ist auch das Knochensystem durch die Zähne in sein Bereich gezogen und erhöht dadurch nicht nur den Reichtum, sondern auch die Schärfe der Sprache.

Wenn wir nach dieser Einteilung die Konsonanten betrachten, und zählen, so bringen wir sechzehn heraus: vier Lippen-, vier Zungen-, vier Gaumenbuchstaben, und endlich noch vier, welche Lippen und Zunge vermittelst der Zähne aussprechen.

Du wirst nun wissen wollen, was das für sechzehn Konsonanten sind. So höre:

Die vier Lippenbuchstaben sind: **B. M. R W.**

Die Lippen haben so gut ein **R** als die Zunge und es wird häufig gebraucht bei den Fuhrleuten auch wenn man jemand erschrecken oder Tiere verscheuchen will.

Die vier Zungenbuchstaben heißen: **D. N. R. L.**

Diese werden allgemein gebraucht und bedürfen keiner Anmerkung.

Die vier Gaumenbuchstaben sind: **G. Eng. R. Ch.**

Das **Eng.** hat in unserem A B C keine eigene Bezeichnung, wird aber häufig gesprochen in den Wörtern Engel, bang, eng, singen, usw.

Das Gaumen-**R** ist in vielen Gegenden National, wo man dagegen das Zungen-**R** nicht sprechen kann. Viele Menschen mit schwerer Zunge gebrauchen es zur Erleichterung

Mit den Lippen und den Zähnen werden gesprochen: **F. und V.**

Mit der Zunge und Zähnen aber: **S. und Sch.**

Du wirst sagen: zwischen **F.** und **V.** sei kein Unterschied.

Für den äußeren Sprachgebrauch hast du recht; in höherer Beziehung aber besteht der Unterschied darin, dass man das **F.** mit der unteren Lippe und den oberen Zähnen, das **V.** aber mit der oberen Lippe und den unteren Zähnen spricht.

Nach dem Gesagten stellen sich die Konsonanten in Folgender Ordnung dar:

Lippe ... **B. M. R. W.**

Lippen und Zähne **F. V.**

Zunge und Zähne **S. Sch.**

Zunge ... **D. N. R. L.**

Gaumen ... **G. Eng. R. Ch.**

In die Quadratur gestellt ... **B. M. R. W.**
F. V. S. Sch.
D. N. R. L.
G. Eng. R. Ch.

Nach diesen Erörterungen ist leicht zu verstehen, wie unvollständig der Gesellengrad behandelt ist. Man treibt sich herum mit Humanitätsphrasen und vom Reisen der Gesellen in die Welt hinaus, schließt ihnen aber den Tempel nicht auf, in welchem sie Humanität erlangen, und der Notwendigkeit des Sittengesetzes auf die Spur kommen könnten.

Das Wort Benac ist das eigentliche Gesellenwort, welchem im dritten Grade noch das Mac vorgesetzt werden kann. Da dürfte aber der erste Grad keinen Konsonanten sprechen, sondern müsste sich lediglich an **I. A. O.** halten. Bei den Indern war zuverlässig die Lehrlingssäule nur für die Vokale, für das große alte Meisterwort, das für den Lehrling aber verloren ging, bestimmt. In der Gesellensäule dagegen finden sich die Konsonanten, sowie im Meistergrad die Vermischung derselben mit den Vokalen. Auf diese Weise hatten die drei Grade, die wir jetzt Johannesgrade heißen, ihre natürliche Stufenfolgen.

Nun wirst du fragen, wozu soll diese mechanische begrifslose Erkenntnis der Konsonanten führen, und wie ist es möglich, dass etwas Geistiges dadurch erzielt werden soll? Die Antwort ist diese: Wofern der Mensch nicht etwas in sich trägt, das über der rohen Materie steht und sich zerteilen und verwandeln muss, so hat er keine Unsterblichkeit zu gewärtigen; sobald sich aber ein freies, ein inneres Seelenleben in ihm regt und zum Leben erstehend, das äußere Ich des Menschen in sich aufzunehmen vermag, so ist die Sache so naturgemäß, als wenn man aus Trauben Wein zieht. Allein diese Seele muss erkannt, muss gefühlt und in Tätigkeit getreten sein. Der äußere Mensch sieht, hört, fühlt und kann sprechen.

Diese Eigenschaften muss der innere Seelenmensch auch haben, sonst ist er unvollkommener als der äußere. Die vollkommenste Eigenschaft des Menschen ist die Sprache. Diese Sprache ist ihm von der Seele durch den Geist gegeben; wenn wir nun die Seele zum Sprechen zu bringen und ihre Sprache zu vernehmen in den Stand gesetzt sind, so haben wir eine Gewährleistung für ein inneres freies Leben, das uns nach und nach in sich aufnimmt, die ihm gehörige Herrschaft gewinnt, und vermittelst der Sprache sich stets einen neuen ätherischen Leib bauen kann.

Das Leben haben wir nun, wenigstens der Idee nach gefunden, nun fragt es sich, wie wir es in der Realität zu erlangen vermögen. Gib wohl acht, was ich jetzt sage.

Die Vokale, die der Lehrling zu üben hat, sind nichts als Leben, sind Lebensströme, die keinen Anfang, kein Ende und keinen Stillstand haben. Die Konsonanten bilden die Einschnitte in diese Ströme, geben ihnen, um nicht stets in krummen oder geraden Linien zu strömen, Winkel und Absätze und erteilen dadurch der Sprache Charakter und Bedeutung.

Der Lehrling soll nach diesem das Leben fühlen lernen, indem er die Vokale in Gaumen und Mund zu denken sich bemüht und so verarbeitet, dass sie an die Füße hinunterströmen, um von dort aus sich über und durch den ganzen Leib zu verbreiten. Ist dieses geschehen, so geht der Geselle mit dem Zeichen auf der Brust, schließt Lippen, Zunge und zum Teil auch Gaumen und sucht zuerst denkend die Lippenbuchstaben an den Lippen, die Zungenbuchstaben an der Zunge und die Gaumenbuchstaben im Gaumen zu fühlen und sie in den Leib, in den Magen hinunter zu lassen, um sie gleichsam als Nahrung durch und über den ganzen Leib zu verbreiten. Mühsam und beschwerlich ist freilich diese Arbeit, aber den Mann dürfen Mühe und Beschwerlichkeiten nicht schrecken, weil er ja weiß, dass er nur durch diese sich aufschwingen und stärken kann.

6. Der Geselle ist fünf Jahre alt, das heißt, er sieht die Epochen seines Lebens in fünf bestimmten Abteilungen zuerst als Knabe, dann als Jüngling und endlich als Mann. Jetzt fühlt er ein Bedürfnis, dem Leben einen höheren Zweck abzugewinnen, und wird Suchender; zuletzt findet er Unterstützung und Lehre und wird Forscher, wird Selbstdenker und gewinnt die Aussicht zur Meisterschaft des Lebens.

Diesem Alter wurde in früheren Zeiten und zwar zur Verherrlichung des Ordens eine geometrische Deutung gegeben, indem der Geselle durch die Konstruktion aller geometrischen Figuren, das Fünfeck in den Zirkelkreis gelegt und gefunden, dass es denselben beinahe ausfällt. Nun macht er den Schluss, dass, wenn er von fünf auf sieben, von sieben auf neun, und so fort bis ins Unendliche fortfährt, zuletzt von einem Punkt statt von einer Linie aus, den Zirkel aufs Genaueste und zwar so sicher als jede andere Figur zu messen vermag.

7. Der Tempel des Gesellen ist in fünf Stufen abgeteilt. Der Geselle teilt seinen Körper in fünf Teile und zwar:

I. Von den Fersen bis an die Knie.
2. Von den Knien bis an die Hüfte.
3. Von der Hüfte bis an die Brust.
4. Von der Brust bis an den Hals, und endlich
5. Vom Hals bis zum Scheitel des Hauptes.

Erst wenn er fähig ist, in diesen Abteilungen Vokale und Konsonanten zu fühlen und fühlend zu sprechen, sollte er sich zur Beförderung in den Meistergrad melden dürfen, indem er ohne diese Vorbereitung von dem Meistergrad nicht das Geringste zu begreifen fähig ist. Das ist ein harter Spruch, wirst du sagen; aber lieber Bruder, wofern die Freimaurerei berufen ist, gleich ihrem Patron Johannes Zeugnis zu geben von einem Lichte, welches Alle erleuchtet, die in diese Welt kommen, so müssen wir schon ein Licht suchen, das die Welt nicht kennt, aber in der menschlichen Natur begründet ist. Also wollen wir nicht zaghaft werden, sondern buchstabieren oder auch Sprüche sagen, bis die Rippen knacken und uns dann mit frohem Mute in die Meisterhütte wagen.

So viel über die Instruktion, sich als Geselle auszuweisen. Den Schluss der Aufnahme macht jedoch die Erklärung des Tapis und des flammenden Sternes. Da wird es aber dem Unbefangenen angst und bange, bis sich der Bruder Redner durch alle Tiraden von Humanität, Gesetzlichkeit, Sittlichkeit und Förderung des Menschenwohles durchgewunden hat. Von einer wesentlichen Erklärung des Tapis hört man so wenig, dass man die ganze Erklärung beinahe auf jeden beliebigen Gegenstand anwenden könnte; und doch ist der Tapis, wenn man ihn zeichnet, wie er sein soll, vielleicht das einzige unverfälschte Dokument, das wir von den Alten ererbt, auf welches in den Büchern Mosis und in der späteren Geschichte der Juden unverkennbar angespielt wird. Da wir später noch einmal auf diesen Gegenstand kommen müssen, so wollen wir die näheren Andeutungen bis dahin versparen und zum Schluss dieses Grabes den stammenden Stern, welcher dem Gesellen leuchtet, ins Auge fassen.

Flammender Stern, was bist du? Bist du etwa schon das Licht, in welchem rein geistige Arbeiten auszuführen sind?

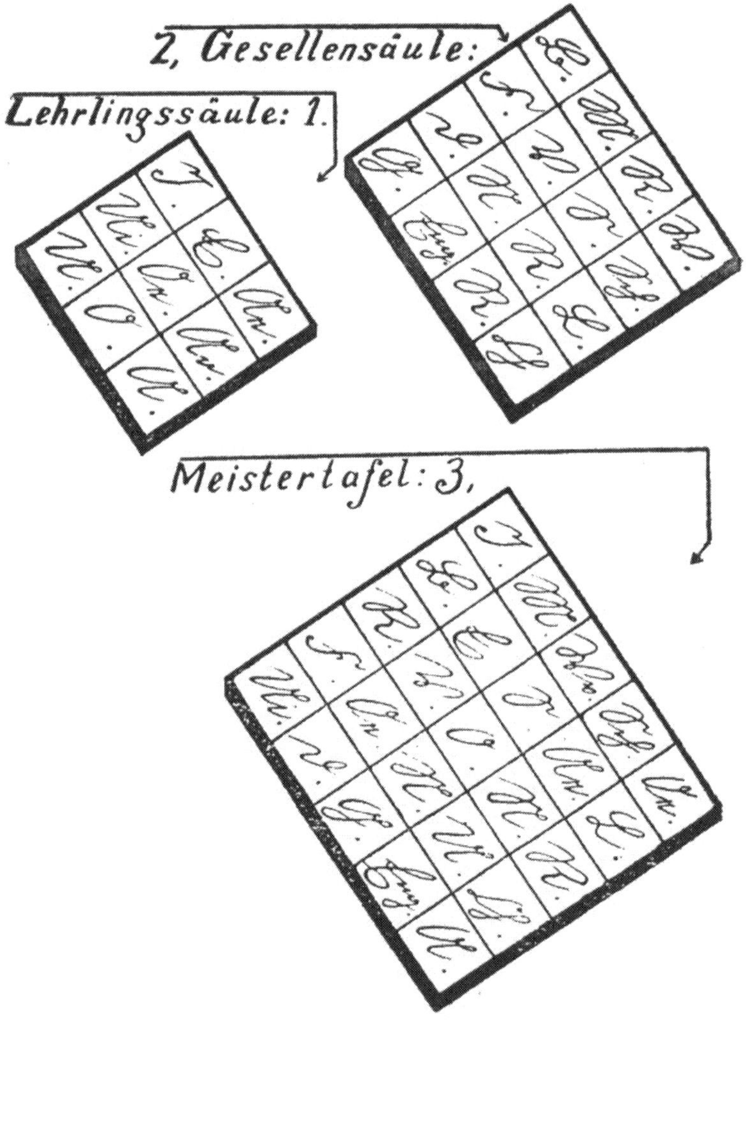

Ein Licht, worin wir im gewöhnlichen Leben eine schwere Arbeit verrichten wollen, muss ruhig brennen, und darf nicht flammen.

Lieber Bruder, es ist mir leid, wenn ich dir vielleicht hier ein Kleinod raube, das du bis jetzt für das edelste und heiligste gehalten hast. Aber der echte Freimaurer muss jeder Sache ins Angesicht schauen, und wenn er dadurch auch manchmal scheinbarer Verluste erleidet, denken, er werde dafür durch andere Kleinodien reichlich entschädigt. Ich weiß wohl, dass viele Rituale und auch die Brüder ein Wesen aus dem flammenden Stern machen, als wäre Gott in seiner Urkraft schon vollständig in ihm enthalten. Wenn dem so wäre, so müsste doch jeder urteilen, dann bedürften wir keines dritten Grabes mehr.

Der flammende Stern deutet auf denjenigen Seelenzustand, wo man zwar sieht, die Wichtigkeit und die Wahrheit der Sache durchschaut, aber die Augen noch so schwach sind, dass es uns noch oft davor flackert und flammt, und wir oft mit aller Mühe den Mittelpunkt des Sternes und die Wahrheit nicht sehen. Geht es denn nicht auch so im gewöhnlichen Leben, wo derjenige, der ein feines Geschäft betreibt, hauptsächlich seine Augen schonen und üben muss, um sie geschickt zu machen, sicher aus einen Punkt zu sehen. Der Schütze, vor dessen Augen es flimmert und flammt, wird gewiss den Mittelpunkt der Scheibe nicht treffen. Bei vielen Prozessionen wird sogar, um die Helle zu konzentrieren, das Licht durch eine Kugel voll Wasser gelassen. So in allen Dingen, wo Stetigkeit des Blickes notwendig ist. Und darum wollen wir uns mühen, uns ein Licht zu bereiten, was still und ruhig brennt, und uns dadurch in den Stand setzt, jede Sache ohne Vorurteil, ohne vorgefasste Meinung, ohne Zweifelsucht und Furcht zu beschauen.

Um allem Genüge zu leisten und den Gesellen auf den Bauplatz zu bringen, wo er im Notfall auch Palier sein kann, muss ich ihn einen Blick in die Meisterhütte tun lassen, wo er die Lehrlings- und Gesellensäule enthüllt, erblickt und sogar das Reißbrett des Meisters sieht, aus welchem alle Buchstaben verzeichnet stehen und sich nach dem Willen desselben zu Worten verbinden, in denen teils nur Stärke, teils aber auch Stärke und Weisheit zugleich enthalten sind.

Die Buchstaben der Lehrlings- und Gesellensäule und der Meistertafel sieht er in der Stellung, wie sie auf Seite 46 (weiter unten) verzeichnet sind.

Wenn wir diese Figuren und Formulare betrachten, so finden wir, dass die Lehre des Wortes auch auf den Grundsätzen der reinsten Wahrheit ruht. Das Quadrat ist stets die Form, in welcher alle anderen gemessen werden. Wo nun ein System auf die Quadratur sich gründet, da trägt es den Beweis in sich selber und ist Axiom. So die Lehrlings-, die Gesellensäule und die Meistertafel: der Inhalt der Lehrlingssäule geht von drei aus, deren Einheiten jede von der anderen verschieden, doch eins mit ihnen sind. Es gibt sich daher die Quadratzahl durch die Formel:

3 mal 3 ist 9

Die Gesellentafel hat zur Wurzelzahl 4 und zwar so, dass jede dieser vier Abteilungen andere Organe hat und die Zahl 4 unabänderlich begründet. Die Formel heißt:

4 mal 4 ist 16

Zählen wir diese beiden Quadratzahlen zusammen, so erhalten wir die Quadratzahl 25, welche aus fünf entsteht, indem man sagt:

5 mal 5 ist 25

Und hiemit ist dieser Grad geschlossen und wir sind mit den Mitteln desselben zu tüchtigen Palieren gestempelt.

6. Brief – Vorläufige Bemerkungen über den Meistergrad

Um Meister zu sein, muss man eine Sache ganz zu durchschauen und auszuführen wissen, und zwar so, dass wir keines Buches, keiner Zitate, ja selbst des Andenkens an unsere Lehrer nicht mehr bedürfen. Es gibt manchen guten Rechner, der kaum mehr weiß, wie der Lehrer geheißen, bei dem er es gelernt. Der Lehrer aber wird ihm darüber nicht zürnen, weil es bei allen Lehrfächern nicht um die Persönlichkeit sondern um Verbreitung der Sache zu tun ist. Alle Künste und Wissenschaften, wo sich eine solche Meisterschaft findet, werden immer deutlicher erkannt und gründlicher ausgeübt. Wo man stets das Schulbuch in der Hand oder die Worte des Lehrers im Gedächtnis haben muss, da ist Pedanterie, steife Unterwürfigkeit unter den toten Buchstaben, aber keine Spur von Meisterschaft zu finden. Die traurigen Folgen eines solchen Autoritätswissens sehen wir bei Ausübung der Religionen, wo man den Lehrer, den Stifter derselben, um ja seine Lehre recht zu befolgen, stets im Munde haben zu müssen meint.

Ich sehe dich bei diesem Eingang den Kopf schütteln und höre dich fragen: Wo will das hinaus? — Fürchte dich nicht, wir kommen, ehe die Hälfte des Weges zurückgelegt ist, schon wieder zusammen; denn ich frage dich, was würde da herauskommen, wenn jeder Baumeister stets an den Euklid denken, ihn stets Verehren und bei der Errichtung einer jeden Mauer seine Vorschriften nachschlagen müsste. Es kann manchen guten Baumeister geben, der vielleicht den Namen Euklid gar nicht kennt. In religiösen Dingen, die man nicht sichtbar demonstrieren, sondern nur in sich fühlen und dann wissenschaftlich untersuchen kann, ist dieses Autoritätsverfahren, weil man leicht dahin kommen kann, die Persönlichkeit für die Sache zu halten, die Sache aber darüber zu vergessen, höchst gefährlich.

Mit Bangigkeit schreibe ich weiter, denn ich ahne dass du siehst, wo ich hinauswill. Aber wohl mir, dass mir hier die Bibel zu Hilfe kommt und Zeugnis gibt von dem, was ich nach diesem Eingange sagen muss. Christus spricht: Nicht alle, die zu mir sagen, Herr, Herr, werden ins Himmelreich kommen, sondern die den Willen meines Vaters tun. — Aus diesem geht klar hervor, dass es ihm einerlei ist, ob man ihn nennt, kennt und verehrt, wenn man nur den Willen des Vaters tut Man hat die Person Christi zur Religion gemacht und die Religion und die Erforschung des väterlichen Willenvergessen. Weil man diesen Willen, der nur in uns selbst sich kundgibt, nicht mehr kennt, darum entstehen simmer neue christliche Bekenntnisse, die sich aber ewig nun die Persönlichkeit und Geschichte Christi drehen, sich aber nie um den Willen des Vaters, den man nur durch das in uns wohnende und zum Leben erweckte Wort Gottes erkennen lernen kann, kümmern.

Darum ist die Freimaurerei das reinste Institut, weil sie sich von aller Persönlichkeit entfernt, und sogar nicht einmal eine positive ritualmäßige Geschichte besitzt. In dem vergangenen und jetzigen Jahrhundert ist es zwar zur Manie geworden, eine Geschichte der Freilmaurerei zu haben, ihr Grenzen zu setzen und sie sogar an Persönlichkeiten zu knüpfen.

Durch dieses falsche Bestreben hat aber auch die Anstalt den allgemeinen Standpunkt verloren, wo man sich um Altyorker, Londoner, Straßburger, Kölner und andere Institutionen herumdreht und nicht bedenkt, dass man der Sache mit jeder Beschränkung schadet, am Eintritt zur Meisterschaft hindert und sich an zeitliche, statt an ewige Gesetze bindet. Wir wollen die Freimaurerei, aber nicht sklavische Bekenner Edwins, Wrens, Sayers oder eines anderen sein.

Diese würden, und wenn wir uns vor ihnen auf die Kniee legten, auch sprechen: Nicht alle, die zu uns sagen: o ihr großen Meister! o ihr großen Meister! Werden in den Geist der königlichen Kunst eindringen, sondern die die Gesetze des Lebens, der Natur, mit einem Worte, die Gesetze der Urkraft befolgen.

Nach diesen Erörterungen glaube ich die Freiheit gewonnen zu haben, über den Meistergrad meine Ansichten auszusprechen, und bitte dich, wenn ich manchmal zu ernst oder auch zu schwach werde, es nicht dem Mangel an gutem Willen sondern der Wichtigkeit des Gegenstandes zuzuschreiben, der uns leicht über den Kopf wachsen kann.

7. Brief – Eröffnung der Meisterarbeit und Eintritt des Gesellen in die Loge.

Im Meistergrad sollte man notgedrungen beim Anzünden der Lichter auf den drei Pfeilern nach dem Wesen der Sache und nicht nach der hergebrachten Observanz Verfahren.

Der Meister sollte sprechen: Stärke gründe unseren Bau. Der erste Aufseher: Weisheit zeige sich in ihm. Der zweite Aufseher: Schönheit ziere ihn.

Man kann kaum überschauen, welche Verwirrung aus der Versetzung dieser göttlichen Eigenschaft entsprungen ist. Durch die Annahme, es sei die Weisheit die oberste Eigenschaft Gottes, stellen wir die Weisheit in die Kategorie des Wissens, und meinen, je mehr wir wissen, desto mehr Weisheit wir besitzen, und so kommen wir endlich dahin, dass wir mit unserer Gescheitheit und Gelehrsamkeit Gott ähnlich zu sein wähnen. Die Stärke ist der Grund alles Seins, alles Wissens und Vollbringens. Sie war tätig von Ewigkeit an und wird es in Ewigkeit sein. Sie wirkt in der Ewigkeit des Raumes ohne Grenzen und baut und schafft nach ihrem Wesen, das nichts als Gott ist. Alles Göttliche selbst unter den Menschen kann sich nur durch Stärke offenbaren. Nicht durch Reden und Lehren, sondern durch Werke hat Christus seinen Beruf beurkundet. Jetzt hat man die Werke für überflüssig, für unwahr, sogar für unlauter erklärt, und sucht mit Sentimentalität, mit romanhaften Ergießungen die Herzen zu bestechen und den Menschen weiß zu machen, dieses sei echte Christuslehre, sei Wirksamkeit im Geiste und Erfüllung des väterlichen Willens. Also must der Freimaurer, der keine Lehre vor sich hat, als die Natur und die Wirksamkeit Gottes, der Stärke zuerst huldigen, um in ihren Werken die Weisheit und Schönheit sowohl im Allgemeinen als Einzelnen zu erkennen, und durch diese auch je nach Maßgabe der Individualität zur Stärke zu dringen.

Die Loge ist eröffnet; der zum Meister werdende Geselle wird eingeführt. Was sieht er jetzt in der Loge? Die flimmernden und flammenden Lichter sind erloschen, der flammende Stern leuchtet nicht mehr, und er sieht sich in einer Dämmerung, wo das Auge die Sehkraft verloren zu haben scheint. Jetzt sieht er die Notwendigkeit ein, ein Licht zu suchen und zu empfangen, das nicht nur flammt und schimmert, sondern in einem festen Punkt leuchtet und die Nahrung gleichsam in sich selber hat. Wo aber ein solches Licht finden in dieser schauerlichen Dämmerung? Das Ritual zeigt ihm den Weg dazu; es legt ihn ins Grab, wo er allein finden kann, was seine Seele ahnt und hofft. Im Grab entzündet sich das wahre Lebenslicht; aus der Erde muss es steigen, um gemildert sich mit uns zu vereinigen und in uns zu leuchten. Die Parabel, welche vorgetragen wird, bezeichnet ziemlich deutlich den Sinn dieser Grablegung, und es gehört eine angestrengte Klugheit dazu, hier eine andere Deutung zu erfinden.

Die Parabel geht zu Ende. Der Meister vom Stuhl und die beiden Aufseher machen sich auf, den Leichnam zu suchen. Sie finden ihn, aber in welchem Zustande! — Die Haut geht vom Fleisch — das Fleisch verlässt die Knochen. Nun versucht der Meister seine Kraft; um sie aber mit Sicherheit gebrauchen zu können, lässt er das alte Meisterwort suchen. Der zweite Aufseher oder Wächter an der Lehrlingssäule, worin es enthalten ist, teilt es still seinen nächststehenden Brüdern mit und sendet es mithilfe des ersten Aufsehers durch beide Kolonnen zum Meister vom Stuhl. Dieser drückt laut seine Freude darüber aus und spricht: Das alte Meisterwort ist wieder gefunden, sehen Sie die himmlische Kraft desselben. Nun fasst er die Leiche — Hand in Hand — Fuß an Fuß — Knie an Knie — die linke Hand auf den Rücken des Aufzurichtenden, und lispelt ihm, indem er ihm den Bruderkuss gibt, das neue Meisterwort ins Ohr.

Hier sage ich: wer Ohren hat zu hören, der höre. Wer keine Ohren hat, würde nichts hören, und wenn ich mit der Posaune des Weltgerichts sprechen könnte. Eine Erweckung vom Tode zum Leben ist das Höchste, was die menschliche Natur zu vollbringen fähig ist. Vom Tod zum Leben erweckt zu werden, ist das, was die Menschen als ihre Bestimmung wünschen und hoffen. Die Möglichkeit einer solchen Auferweckung kann nur durch sichtbare Tatsachen bekräftigt werden. Bloß Glauben ohne sichtbare Beweise zu haben, ist ein Nachplappern alter geschichtlicher Tatsachen, die aber, weil man sie nicht gesehen, leicht in Zweifel gezogen werden können. Selbst die Freimaurerei gibt hier nur eine sichtbare Andeutung, um die Mitglieder auf das größte Meisterstück unserer Kunst aufmerksam zu machen, und ihnen zu zeigen, dass eine Auferstehung vom Tode, wenn auch in einem seelischen Leibe, notwendig sei, um zur Unsterblichkeit zu gelangen. Die Ägypter scheinen, nach alten Monumenten zu urteilen, in dieser Beziehung häufig Proben gemacht zu haben. Auch bei den Sudieren findet man Spuren der Auferstehung vom Tode. Das glorreichste Beispiel gibt uns Christus an sich selbst und vorher durch die Erweckung des Lazarus. — Aber wie ist eine solche körperliche Erweckung möglich? Wirst du jetzt ungeduldig fragen.

Ich habe schon oben gesagt: die Vokale seien das Leben, seien die Ströme desselben, die Konsonanten aber die Unterbrechungen und Einschnitte in dieselben. Die Konsonanten geben dem Leben spezielle Bedeutung und

Individualität, können aber ohne Vokale nicht leben. Nun kommt der zweite Aufseher mit dem verstümmelten Lehrlingswort und erzielt nichts. Der erste Aufseher kommt mit den Konsonanten, diese lösen vollends das Fleisch von den Knochen, aber spenden kein Leben.

Nun macht der Meister mit dem alten Meisterwort, mit den Vokalen, die Probe und siehe da, die ins Gesellenzeichen gelegte Hand und der ins Winkelmaß gestellte Fuß nehmen die Strömungen auf, und nachdem der Meister durch die Hand in die Hand, durch den Fuß an den Fuß, durch das Knie an das Knie, durch die linke Hand auf dem Rücken in das Rückenmark des Aufzuerweckenden Lebensströme, das heißt, das alte Meisterwort, oder die Vokale haucht, und ihm zugleich, mit dem neuen Meisterwort, aus Lippen-, Zungen- und Gaumenbuchstaben bestehend, noch des Lebens Bedeutung ins Ohr flüstert, ist der Tote zum neuen Leben erstanden, und freut sieh dessen um so mehr, als er weiß, dass es ihm nicht mehr verloren gehen kann.

Die Aufnahme ist nun vorüber, und dem neuen Meister fehlt nichts mehr, als sich auch als Meister ausweisen zu lernen. Da dieses jedoch eine schwere Aufgabe ist, so wollen wir die Instruktion dazu in einem eigenen Brief abhandeln.

8. Brief – Instruktion, sich als Meister auszuweifen

Der Bruder erste Aufseher wird nun aufgefordert, den neuen Meister durch die drei Schritte zwischen Winkelmaß und Zirkel sich dem Altar nähern zu lassen, zum daselbst die Instruktion zu empfangen. Der erste Aufseher zeigt ihm die Schritte, indem er sich vorher an den untersten Rand des Sarges mit den Füßen ins Winkelmaß gestellt, zuerst über denselben bis in die Mitte desselben schreitet.

Nachher schreitet er, eine Kreislinie bezeichnend, mit dem rechten Fuß über die rechte Seite. Nachdem er hier wieder ins Winkelmaß getreten, hebt er den linken Fuß, stellt ihn vor den Sarg, und zieht den rechten nach sich, um abermals ein Winkelmaß zu bilden. Der neue Meister macht diese Schritte nach und stellt sich vor den Altar.

Der neue Meister ist über das Grab geschritten, und zwar in denjenigen Linien, welche die verschlossensten, aber auch die vollkommensten des menschlichen Denkens und Wissens sind, er ist durch das Winkelmaß zum Inhalt des Zirkels, d. h. zur Quadratur des Zirkels gedrungen. Die Freimaurerei misst den Zirkel auf folgende höchst einfache Weise.

Man bildet den dritten Teil des Zirkelkreises (Fig. 1), setzt in die Mitte desselben noch eine Kreislinie **b**. Da der obere Raum sich zu dem unteren wie 3 zu 1 verhält, so sind, wenn man den ersten in gerade Linien einschließen kann, drei Teile der Figur gemessen, wodurch man leicht in den Stand gesetzt wird, den Inhalt des ganzen Zirkels kennenzulernen. Zwischen gerade Linien wird der Inhalt des oberen Raumes gebracht, (Fig. 2) wenn man den Bogen **a** mit geraden Linien in zwei Teile teilt, **c c**, unter dem Bogen eine gerade Linie zieht, **d**, und dadurch ein Fünfeck erlangt.

Dieses Fünfeck vergrößert man um ein Drittel, indem man es in zwei gleiche Hälften teilt, **b**. (Fig. 3.) Die zwei erlangten unregelmäßigen Quadrate in regelmäßige verwandelt und solche, um ein Dritteil ihres Inhalts vergrößert (Fig. 4.) Dieses ist der genaue Inhalt des oben bezeichneten Zirkels. Die Analyse ist leicht zu machen, aber zu weitläufig hier auszuführen. Die Schritte aber sind folgendermaßen aus dieser Figur gezogen. (Fig. 5). Erster Schritt von **a** bis **b**, zweiter Schritt von **b** bis **c**, dritter Schritt von **c** bis **d**, zum. Zeichen, dass hier der Bogen geteilt werden muss.

Durch äußere Zeichen muss man ins Innere dringen und es erwecken. Das ans Winkelmaß gelegte Zeichen des Lehrlings ist die Spiegelplatte, um zuerst die Kehle für das Wort der Wahrheit zu stimmen. Ebenso verhält es sich mit dem Gesellenzeichen. Über das Zeichen des Meisters wird in der folgenden Instruktion das Weitere kommen.

Auch der Meistergrad hat seine eigenen, nur ihm zukommenden Symbole, vermittelst deren er sich als Meister auszuweisen hat. Es versteht sich von selbst, dass die im Lehrlingsgrade angeführten Symbole auch neben diesen in steter Anwendung bleiben. Die wesentlichen nur dem Meistergrad eigenen Symbole sind folgende:

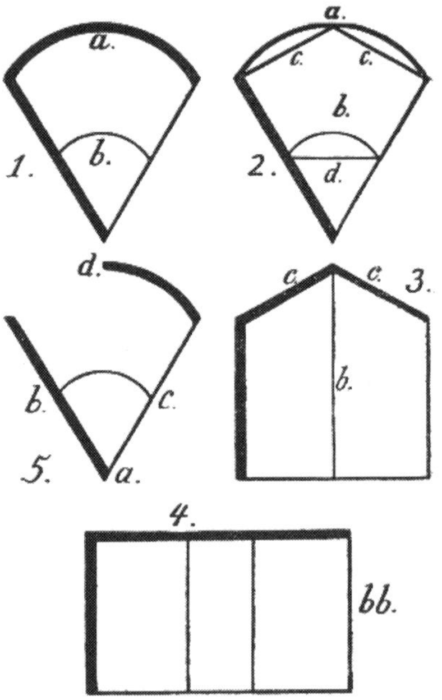

1. Zeichen, Griff und Wort.
2. Die Art zu klopfen.
3. Der Meister arbeitet in der mittleren Kammer.
4. Er arbeitet auf dem Reißbrett.
5. Er ist sieben Jahre alt und drüber.
6. Sein Tempel ist in 7 Stufen abgeteilt.

1. Das Zeichen macht man, indem man die Handflächen entweder mit gestreckten oder mit gebogenen Fingern gegen den Boden wendet und mit dem vorderen Teil des Daumens, der von der Hand aus im rechten Winkel steht, auf den Nabel drückt. Dieses ist das Ordnungszeichen, in welchem der Meister hören und sprechen muss. Hat er früher die Erregsamkeit und Wirksamkeit des Lehrlings- und Gesellenzeichens gehörig erlernt, so wird es ihm ein leichtes sein, den Einfluss des Meisterzeichens zu empfinden.

Der Nabel ist das Organ, wodurch das im Mutterleib Erzeugte seine Nahrung an sich zieht. Durch den Nabel zieht auch das in uns geistig Erzeugte solange die Nahrung an sich, als es zu schwach ist, es mit anderen Organen zu tun. Sind wir in Anwendung dieses Zeichens nicht träge, so wird das Neu erzeugte bald in uns sich regen und uns nach und nach über alle Rätsel des Lebens Aufschluss geben.

Der Griff ist derjenige, mit welchem der neue Meister aus dem Sarg gehoben wurde: Hand in Hand, Fuß an Fuß, Knie an Knie, die linke Hand auf dem Rücken und endlich auf die Stirn den Bruderkuss, womit man ihm das neue Meisterwort, die erste Silbe — Mak — in das linke, die beiden anderen — benak — in das rechte Ohr lispelt. Doch beim gewöhnlichen Gebrauch bedient man sich nur des Handgriffes, wo man, wie oben, mit der rechten Hand mit auseinandergehaltenen und gebogenen Fingern, gleichsam ein Löwentatze, oder eine Halbkugel bildet, und so in das Gelenk des Vorderarms, oder der Faust greift. Für sich allein gebildet ist die Form dieses Griffes als bloßes Zeichen von großer Erregsamkeit, weil sie kugelförmig von allen Seiten Lebensstoff an sich zieht.

Die fünferlei Berührungen beim Aufheben das vom Tode Erweckten hat Salomo nach der Angabe der meisten Ritualien zu den fünf Meisterpunkten erhoben. Es ist keine Rede, dass, wofern Hand, Fuß, Knie, Rücken und endlich das Ohr, als Hauptorgan des Kopfes, gehörig belebt sind, die anderen Organe auch Lebenskraft von ihnen empfangen müssen.

Die Wichtigkeit dieser fünf Meisterpunkte scheint auch in früheren Zeiten nicht immer gehörig gewürdigt worden zu sein, denn wir treffen nur einige Beispiele ihrer Anwendung in der Geschichte. Freilich muss man bedenken, dass solche Meister nicht auf offenem Markt, um Ruhm und Reichtum zu erwerben, ihre Kunst ausübten, sondern vielmehr, um der geringen Anzahl, die an höhere Geisteskraft glaubten, im Stillen Beweise zu geben; auch waren solche Meister, wenn sie für sich einen Zeugen fanden, imstande, mit unsichtbaren Werkzeugen, d. h., mit gedachten Händen, Füßen, Knieen, Handauflegungen und Worten ihre Kunstkräfte in Ausübung zu bringen.

Das neue Meisterwort ist Mak-benak. Die Silbe verbindet Lippe und Gaumen miteinander, geht aber hauptsächlich von außen an den hinteren Teil des Halses. Die beiden anderen Silben bringen Lippen, Zunge und Gaumen in Tätigkeit, und stellen unter sich die wunderbare Dreieinigkeit her, wodurch der Mensch imstande ist, alles in sein Erkenntnisvermögen aufzunehmen, und sogar zu Gott in die Einigkeit zu bringen. Man hat es noch lange nicht genug erkannt, wie wichtig es ist, in allen Verrichtungen und Erkenntnissen, die Elemente zu erforschen, zu üben und dann erst zur Kunstausbildung zu schreiten.

Es ist eine bekannte Sache, dass derjenige, der keine Buchstaben sprechen kann, auch unfähig ist, zu sprechen. Kann es nun beim Denken, das nur eine reinere und höhere Art zu sprechen ist, wohl anderes sein? Nein, wahrlich, wer keinen Buchstaben deutlich denken kann, ist auch des freien Denkens unfähig. Wer hier nicht glauben mag, soll die Probe machen, und der Beweis wird nicht lange auf sich warten lassen. Das alte Meisterwort, durch welches der Erschlagene wieder zum Leben erweckt wurde, ist Jehovah, und eigentlich **i e o u a**.

Die beiden **h h** wurden hineingesetzt, um die Tätigkeit des Ein- und Ausatmens zu bezeichnen, welches man nach den vorhandenen Verhältnissen modifizieren, d. h. stärken und schwächen kann.

Dieses alte Meister- und Lebenswort spielt in den höheren Institutionen aller Zeiten eine wichtige Rolle. Nach dem Israelitischen war **A** der Anfang desselben, wie wir in den Namen Adam und Abram, Abraham sehen.

Auch die Inder hatten diese Ansicht, und erkannten in dem Namen Brahm den Urgott, in Brama aber eine von ihm ausgegangene und die Menschheit erzeugende Gottheit. Wenn wir die Worte Brama und Abram unbefangen betrachten, so kann uns ihre Ähnlichkeit nicht entgehen.

Viele Geschichtsforscher haben schon die Behauptung aufgestellt, dass Abram und Brama nur Eine Person gewesen sein müsse.

Das kann jedoch nicht sein, sonst müssten wir am Ende auch den Schluss machen, dass Christus und Vishnu und Krishna auch nur Eine Person gewesen seien.

Die Übereinstimmung solcher Namen liegt in der Natur, die unter allen Himmelsstrichen mit denselben Kräften und auf dieselbe Weise wirkt. Die alten Priester in Mexiko hießen **Jeouas**. Woher hatten sie diesen Namen? Etwa vom Gott Israels? Nein, von der Natur, in welche der Name Gottes überall ausgegossen ist, der überall herrscht, wirkt und schafft.

Wollte man auf solche geschichtliche Analogien Wert setzen, so müssten wir auch sagen: die Deutschen stammen von den Römern her, deren Gott Deus hieß, also mit dem Stammvater unserer Nation, mit Teut, aufs Engste verwandt gewesen sein müsse. Wie die Natur rechnen, messen und musizieren lehrt, ebenso lehrt sie auch Gotterkenntnis durchs Wort und hat allen Nationen und Sprachen die Elementarlehre erteilt.

Wenn wir die Geschichte der Einzelheiten des alten Meisterwortes weiter verfolgen, so erfahren wir, dass Abraham seinen Namen um eine Silbe vergrößert, also dreisilbig gemacht hat.

Der Name seines Sohnes hatte das **I** an der Spitze, blieb aber dennoch dreisilbig, **Iaa** — Isaak. Sein Enkel stellte die vollständige Wurzel des Namens Gottes wieder her, indem er in seinen Namen die drei Vokale **J a o**, Jakob, in eben dieser Ordnung aufnahm.

Diese Wurzel findet man als uralte Tradition bei den Chinesen. Auch in anderen Ländern hat man schon häufig Hieroglyphen und Inschriften gefunden, die auf die genannte Elementarwortlehre hinzielen. Zu den Zeiten Christi hat sich die Stellung der drei Vokale, indem man das **O** in die Mitte nahm, bei zwei bedeutenden historischen Namen, Johannes der Täufer und Johannes der Evangelist, große Meister der Königlichen Kunst, geändert und in die Ordnung **O A**, Johannes gebracht.

Die Verhältnisse dieses Namens drücken sich in Beziehung auf die Vokale folgendermaßen aus:

I.
I. O. A.
I. E. O. U. A.
I. E. Ae. Ao. O. U. A.
I. E. Ae. Ao. Oe. O. U. Ui. A.

Wenn nun der Meister sich müht, die 16 Konsonanten mit den genannten Vokalen zusammenzusetzen, so kommt ein Reichtum heraus, wo eine Ewigkeit dazu gehört, ihn auszurechnen. Wenn wir daher bedenken, dass in jeder Stellung, in jeder Verbindung der Konsonanten und Vokale, aus der Anzahl der Buchstaben und Silben stets neue Wirkungen hervorgehen, so müssen wir mit Staunen und Ehrfurcht den Menschen betrachten, der solchen Reichtum, solche Hilfe in allen Angelegenheiten in sich tragt, müssen aber auch bedauern, dass alle diese herrlichen Kräfte, wie das Gold im unangebohrten und doch mit Gold gefüllten Berge-, verborgen und unbenutzt ruhen.

2. Der Meisterschlag besteht aus drei gleichen Schlägen. Er kennt nur 3 Zeitepochen des Daseins, die sind:

1. eine vergangene Ewigkeit,
2. eine gegenwärtige Ewigkeit der Schöpfung und des Raumes,
3. eine zukünftige Ewigkeit.

Mit diesen drei Epochen ist alles angedeutet, was den Menschen wichtig sein und ihn auf seine Bestimmung aufmerksam machen kann. Aus der Ewigkeit kam er, in einer ewigen Gegenwart lebt er und muss wieder in die Ewigkeit eintreten. Die Gegenwart ist ihm gegeben, für die Zukunft zu bauen, und wohl jedem, der nicht auf den Sand, sondern auf einen Felsen gebaut. Der Fels aber ist das Wort Gottes, aber nicht nur das geschriebene, sondern das ewig lebendige, das von Ewigkeit gesprochen, das da spricht, und in Ewigkeit sprechen wird. Wann wird die Zeit kommen, wo man diese Lehre hören und als Notwendigkeit anerkennen wird.

3. Der Meister arbeitet in der mittleren Kammer. Hier wird die Freimaurerei ganz subjektiv, indem sie von aller Objektivität von allen äußeren Tempeln sich entfernt und in das Heiligtum des eigenen Ichs geht. Dieses ist aber auch der einzige Weg, der zu einer freien, positiven und unfehlbaren Erkenntnis führt. Freilich muss man hier nicht Meinung und Erkenntnis verwechseln, die gleiche Subjektivität besitzen; die erste aber auf einer gewissen Schwäche, sich nicht aus dem Zwinger beschränkter Ansichten vertreiben zu lassen, beruht; die zweite jedoch auf die Gewissheit gemachter Beobachtungen im Reiche des Lebens und Denkens, deren Resultate so unzweifelhaft dastehen, wie ein Rechnungsexempel, sich gründet. In uns allein ist vollkommene Wahrheit für uns, was wir von außen, von Anderen empfangen, kann Irrtum sein und Täuschung. Auf jeden Fall ist das unleugbare

Wahrheit, dass wir, was wir nicht deutlich verstanden und hinlänglich verdaut haben, und wenn es vom Himmel gekommen wäre, nicht benutzen und nicht unser eigen nennen können; im Gegenteil uns als Sklaven der Eitelkeit betrachten müssen, die sich mit geborgten Juwelen schmücken, im Innern des Hauses aber auch nicht einen Heller eigenen Vermögens besitzen.

4. Der Meister arbeitet auf dem Reißbrett. Was arbeitet er auf demselben? Nichts anders als das Wort. Er sucht in seinem Gefühl, in der mittleren Kammer, die Urformen der Vokale und Konsonanten, setzt sie kunstgerecht zusammen zu Silben und Worten, zuerst um ihre geistigen Kräfte zu empfinden und damit zu wirken; dann um Vorstellungen zu bezeichnen, Begriffe zu bilden und Erkenntnisse in allen Regionen des Wissens zu erlangen und endlich die Sprache zu derjenigen Schönheit zu erheben, wo sie harmonisch und in sicherem Numerus unsere Sinne besticht, durch diese ins Gemüt eingeht und auf solche Art Herz und Verstand besiegt.

Diese Arbeit ist so wichtig, dass sie eine förmliche Wissenschaft in sich schließt und hier nur angedeutet, aber wegen Mangel des Raums nicht förmlich zergliedert werden kann.

Wir werden jedoch später noch einmal darauf zurückkommen und versuchen, einige wissenschaftliche Grundzüge aufzustellen, nach welchen die Sache praktisch erlernt und ausgeübt werden kann.

Der Meister ist sieben Jahre alt und darüber. Die Lebensepochen für den Meister sind:

1. Knabenalter.
2. Jünglingsalter.
3. Mannesalter.
4. Die Vorahnung eines höheren Zieles und der Durst, dasselbe zu kennen.
5. Suchen nach außen durch Lesen und Hören.
6. Prüfung und Eingehen in sich selbst.
7. Das Wiederfinden des urgesetzlichen Zustandes der Menschennatur durch das im Menschen wohnende Wort des Geistes.

Diese Epochen enthalten im Wesentlichen entweder ganz oder doch wenigstens zum Teil die Lebensgeschichte eines Jeden. Leider bleiben freilich die meisten bei der fünften Epoche stehen und lesen, hören, suchen und laborieren, als wenn auf trügerischem Papier oder im Munde eines Anderen auch unsere eigene Weisheit befindlich wäre. Hier ist das große glänzende Babylon, wo man um Ehre und Ruhm arbeitet, wo man durch eine äußere Auszeichnung den Himmel zu gewinnen meinte, hingegen der Subjektivität, dem eigenen Fundament, auf welchem der herrliche Tempel aufgeführt werden könnte, nur soviel Aufmerksamkeit schenkt, um im Notfall auch darüber sprechen zu können, an ein Aufbauen des Tempels aber gar nicht gedacht wird. Wer nicht in sich eingeht, in sich selbst das Urgesetz sucht und findet, der sieht den Nordschein für eine Sonne an, und wenn er einmal einen solchen gesehen, so spreizt und bläht er sich, als hätte er das Licht im reinsten Urglanze erblickt.

Lerne dich selbst kennen, ist die erste Lehre, die der angehende Meister empfängt. Lerne dich selbst kennen, rufe ich jetzt dem Meister zu, dann wirst du erfahren was es heißt, sich frei zu machen Von schimmernden Hypothesen, von diktatorischen Lehrsätzen und vom Schulzwang prunkender zusammengestoppelter Systeme und wirst eingehen in das Reich eines eigenen Wissens, das aus der Urquell fließt, und allein unseren Durst nach Wahrheit stillen kann.

Zum Schluss der Aufnahme wird eine Erklärung über den Gang der Ausnahme und über die Tendenz des empfangenen Grades von dem Bruder Redner vorgetragen. Durch diese wird man in ein Meer von sozialen, liberalen und legalen, kommunistischen, kosmopolitischen und humanistischen Ideen hineingeführt, dass man kaum mehr weiß, wie man diesen Knäuel entwirren soll. Ein Grundsatz aber, der in diesem Vortrag ausgesprdchen wird, macht wieder alles gut, und der heißt:

Vom Einzelnen muss die Emporhebung des Menschengeschlechts ausgehen. Die Masse kann hier nichts tun, sie ist viel zu weit vom Weg abgekommen. Sie ist hinausgestoßen in die Nacht der Vorurteile, des Aberglaubens, der Schriftgelehrsamkeit, der Politik, des Fanatismus, der Leidenschaften aller Arten, des Ehrgeizes, der Eitelkeit, der Habsucht, Verkleinerungssucht, des Unfriedens und all den Stürmen verworrener Ideen, und kann nur durch Beispiele wieder auf die rechte Bahn geführt werden. Vom Einzelnen, das heißt, von Einzelnen muss die Emporhebung des Menschengeschlechts ausgehen, von solchen nämlich, die Mut und Kraft genug besitzen, das Wesen der Menschheit zu ergründen, nach dem Geiste desselben zu reden und zu handeln und so durch Tat und Wort ein Beispiel, eine Leuchte zu sein für andere und sie nach und nach mit sich auf den Weg zu ihrer Bestimmung zu ziehen.

Wäre jeder Freimaurer einer von diesen Einzelnen, wahrlich es würde nicht allzu lange dauern, dass die Menschheit nimmer in Finsternis wandelte. Die Menschen würden unsere Werke sehen, aus ihnen die Überzeugung eines höheren Lebens schöpfen und mit uns dem erhabenen Ziele entgegengehen, wo die Kraft des ewigen, nie verstummenden Wortes stets neue Himmel schafft und deren Bekenner mit Nahrung des ewigen Lebens erquickt.

9. Brief – Der Tapis

Der Tapis, das reichhaltigste Dokument liegt vor meinen Augen, und ich will versuchen, dir eine Erklärung, so gut ich kann, darüber zu geben.

Es sind der Sachen so vielerlei aus dem Tapis, dass es nicht zu verwundern ist, dass mancher sich nicht einmal die Mühe nimmt, darüber nachzudenken; auch wird man durch die Verschiedenartigkeit, in welcher man ihn in den Logen erblickt, von einer nähern Prüfung abgeschreckt und halt ihn für weiter nichts, als für eine Art Panier, auf welchem die Freimaurer ihre Werkzeuge abgezeichnet haben.

Sobald der Mensch dem Indifferentismus und dem Zufall sich übergibt, so ist er verlassen und Verliert am Ende Mut und Fähigkeit, irgendetwas durch eigenes Forschen zu erkennen.

Wir wollen, um jeder Verwirrung zu entgehen, die Zeichen des Tapis in der Reihenfolge der drei Grade erörtern und nachher untersuchen, ob eine systematische notwendige Ordnung darin zu finden sei.

Oben links sehen wir die Sonne, unter derselben das Senkblei und unter diesem den rauen Stein.

Das Senkblei ist ein Sinnbild des Hinuntersinkens oder eines Tiefe-Messers. Es muss daher von der Sonne etwas in senkrechter Richtung herunterkommen; und da unter dem Senkblei nichts anderes liegt, als der rohe Stein, so muss notwendig dieser der Gegenstand sein, welcher von oben etwas zu empfangen hat.

Was kann er, muss man jetzt fragen, empfangen? Die Sonne sendet Lichtstrahlen auf die Erde; aber diese fallen nicht, sondern ergießen sich, daher können solche nicht durch das Senkblei gemeint sein. Die Sonne auf dem Tapis ist nicht die Sonne am Himmel, nicht die Lichtspenderin für das Planetensystem, sondern das menschliche Angesicht. Im Munde desselben erweckt der Lehrling durch das Lehrlingswort die Sprachorgane zum Leben, sendet solches, nach der Konstruktion des Körpers, durch die Haut und das Fleisch hinunter in die Füße, an den rauen Stein, um auch diesen zu ordnen und ihm durch winkelrechte Stellung ein lebendiges, geistig erwecktes Fundament zu gewinnen.

Dieses ist die ganze Ausgabe des Lehrlings, und je gründlicher er diese löst, desto leichter wird ihm die Bearbeitung des Gesellengrades werden.

* * *

Aufgabe des Gesellen

Der raue Stein ist nun geordnet, die Füße stehen in einem lebendigen Winkelmaß und somit ist der Lehrling befähigt, zum zweiten, zum Gesellengrad überzugehen.

Der Geselle steht auf dem behauenen Stein, der unten rechts im Tapis liegt. Über diesem erblicken wir die Bleiwaage. Und über der letzteren den Mond, jedoch nur halb und sogar auf der Seite, wohin die Sonne nicht scheint, beleuchtet. Auch dieses deutet uns an, dass wir unter dem Mond nicht den Mond am Himmel, sondern auch das Haupt des Menschen, hauptsächlich aber das Hinterteil desselben zu verstehen haben. Der Geselle steigt von den Füßen auf den Schienbeinen und Schenkelbeinen und auf dem Rücken zum Haupte, belebt zuerst das Hinterteil desselben in Haut und Fleisch und später auch im Gehirn.

Hat der Geselle diese Aufgabe gelöst, dann ist er reif zum Meistergrad.

* * *

Der Meistergrad

Der Lehrling ist vom Munde aus an die Füße, der Geselle von den Füßen aus an das Hinterhaupt gestiegen, und fühlt nun deutlich, dass er sich noch nicht im Tempel befindet. Wie nun da hineingelangen ? Er tritt hinter den kubischen Stein, der in der Mitte des Tapis unten liegt, und erkennt da die Stufen, die er zu ersteigen hat. Er sieht die Säulen, eine verschlossene Tür zwischen denselben. Zwischen den Säulen, durch die verschlossene Tür muss er in den Tempel dringen, um die Wiedergeburt in sich zu erzeugen. Zwischen den Säulen! — Heilige Natur, wie wunderbar sind deine Wege!

Der Geselle sträubt sich; er hält für Frevel, was er jetzt zu tun sich entschließen will. Doch der Durst nach Wahrheit treibt ihn. Die Natur sagt ihm: es gibt keinen anderen Zeugungsweg als diesen. Er wagt sich an die Pforte, schließt sie auf; aber noch ist er im Dunkeln. Er harrt, er zweifelt, seufzt und wartet mit Bangigkeit auf eine Entwicklung und siehe da, das im Tempel Erzeugte wächst, wird lebendig, fängt an zu sprechen, und sagt dem neuen Meister mit klaren Worten, dass er gefunden, was er gesucht, und dass er sich nur tüchtig zu machen habt, die Worte des Neugeborenen zu verstehen und durch dasselbe des Lebens höchstes Ziel zu erreichen.

10. Brief

Der Meister ist nun geworden, aber noch bat er nicht alle Teile des Tempels gesehen und untersucht. Er steht hinter Zollstab, Winkelmaß und Zirkel, sieht in kleiner Entfernung von diesen die neun Sterne, d. h. die neun Vokale in ein Kreuz gestellt. In nicht allzu lange vergangenen Zeiten sah man auf dem Tapis in einer Art Nische gleich einein zugemauerten vergitterten Fenster von Stäben, sechzehn kleine Quadrate in einem größeren Quadrat, die auf nichts anderes als die Konsonanten hindeuten konnten, weil es in der Geschichte und im gewöhnlichen Leben sonst nichts gibt, das gerade durch die Zahl 16 bestimmt wäre, und auf einer Zeichnung, die nichts anderes als die Lehre des Wortes enthält, sich auf nichts anderes beziehen kann. Demnach bat der gewordene Meister alles, was ihm nötig ist, in alle Abteilungen zu kommen und sich darin umzusehen.

Alles ist ihm jetzt offenbar-, Himmel rings um ihn her, aber sonderbar, sein Durst nach Erkenntnis ist noch nicht gestillt, denn er steht hinter Zollstab, Winkelmaß und Zirkel, hinter den neun Sternen und der sechszehnte Mal quadrierten Nische noch eine geschlossene Tür, wozu er den Schlüssel nicht in den Händen zu haben meint. Still, verzagt und traurig geht er jetzt umher und sucht den Schlüssel zur Tür, aber je mehr er sucht, desto mehr vermindert sich die Hoffnung, ihn zu finden, sodass er sich am Ende nicht zu helfen weiß, als die Tür mit Gewalt zu sprengen.

Schon will er die Arbeit beginnen, da glänzt der Schlüssel im Schloss, und mit leichter Mühe ist die Tür geöffnet. Und was sieht er hier? Wird nun jeder Leser fragen. Er sieht eine neue Sonne, die indem sie mit ihren Strahlen zeugend die Erde berührt, auch die Geisterwelt erleuchtet, ebenso kräftig dort wirkt, mit Zeugungskraft neue Erkenntnisse ins Leben ruft und dadurch die Gallerie der göttlichen Kunstproduktionen mit neuen Produkten vermehrt, kurz, der Meister ist vom Rückenmark aus durch die Öffnung, die sich im Hinterhaupt, jedoch mit Haut und Fleisch überzogen, befindet, in das Gehirn eingedrungen und sieht mit Staunen den Glanz und die Tätigkeit des kleinen Gehirns, wie sein Zeugungsdrang sich nicht nur nach der sinnlichen, sondern hauptsächlich nach der göttlichen Welt neigt, um den Menschen zum Ziel seiner Bestimmung ebenso gewaltsam als zur Vermehrung seiner Gattung zu treiben. Hier ist jetzt die letzte Krisis für den Forscher, für den Freimaurer.

Die Strahlen des kleinen Gehirns, bisher gewohnt, der Sonnenwelt fast ausschließlich zu dienen, haben in dieser Richtung eine Stärke und Schärfe erlangt, die jetzt, da sich ihnen ein Gleichgewicht entgegensetzen will, mit doppelter Kraft drängen. Wer hier widersteht, sich auf die andere Seite dieser Sonne stellt, und auch der Geisteswelt huldigt, der wird eine Stärke und ein Gleichgewicht zwischen Geist und Sinnlichkeit herstellen, die ihn zur vollkommensten Glückseligkeit führen und durch nichts mehr getrübt werden kann. Jetzt wird das Gehirn erst wahrhaft erleuchtet und zum eigenen Denken und Wissen gebracht; jetzt schreibt sich vorne auf der Stirn der neue Name, das eigentliche freie Wort Gottes, das uns befähigt, mit Gott zu sprechen, das uns zu Priestern macht, die über dem toten geschriebenen Buchstaben stehen und das Urgesetz des menschlichen Daseins mit Wort und Tat zu bezeugen imstande sind.

Was ich bis jetzt gesagt, musste notwendig dem, was du besonders wünschest, der Geheimlehre der göttlichen Weisheit oder wie man sie in früheren Zeiten geheißen, der Kabbala, vorausgehen. Die folgenden Briefe werden diesen wichtigen Gegenstand behandeln, und ihn auf wissenschaftliche Pfeiler zu stellen suchen.

11. Brief

Wir haben oben gesehen, dass die Sprache der Menschen aus neun Vokalen und sechzehn Konsonanten besteht. Allein über den wesentlichen Teil ihrer Eigenschaften, über ihre Form haben wir uns noch nicht ausgesprochen.

Alles, was besteht, hat eine eigentümliche Form, wodurch es das ist, was es ist. Wenn daher die Sprache etwas Wesentliches sein soll, so müssen die Elemente derselben ihre eigentümlichen Formen besitzen, wodurch sie sich voneinander unterscheiden und durch Zusammensetzung Worte bilden, die nach dem Wesen der Buchstaben dem Worte Gehalt und Inhalt geben. Wollten wir daher die Sprache nach ihrem Gehalt und ihrem Inhalt erforschen, so müssen wir bei den Elementen beginnen und ihre besonderen Kräfte untersuchen. In den ältesten Zeiten machte diese Tätigkeit einen besonderen Kunst- und Erkenntniszwang aus, den wir Unter dem Namen Geheimlehre, Kabbala oder Naturphilosophie kennen. Da du diese Wissenschaft hauptsächlich unter dem Namen Kabbala kennst, so werde ich mich gleichfalls dieses Namens bedienen.

Die Elementarlehre der Kabbala beschäftigt sich mit den Formen der Buchstaben, wie selbige sich dem Ohr, dem Gefühl und dem Auge darstellen.

Das Ohr ist ein untrüglicher Beurteiler der Buchstabenformen, indem man ihm keinen für den anderen ausgeben kann. Keine Universität würde imstande sein, irgendeinem zuzumuten, ein F, das man vor ihm spräche, für ein O, oder ein B für ein Z zu halten. Für das Ohr sind die Buchstaben, was sie sind, und weder Klugheit noch Gewalt vermögen das Ohr zu einer anderen Überzeugung zu bringen.

Das Gefühl denkt oder stellt sich die Buchstaben vor. Sobald wir Unbefangenheit genug besitzen, uns nicht an gegebene, vorher gesehene Formen zu halten, so werden wir im Munde und in allen Abteilungen des Leibes Bewegungen wahrnehmen, welche die natürlichen Formen bezeichnen und uns über die Unfehlbarkeit des Gefühls, das, wie das Ohr, sich nicht bestechen lässt, belehren. Freilich ist diese Untersuchung schon mehr Schwierigkeiten unterworfen weil wir es mit uns allein zu tun haben und Lehre und Autorität zugleich sein müssen. —

Die schwerste Aufgabe ist, die Urformen für das Auge zu finden, weil solches in dieser Beziehung verdorben und fast ganz von der Natur abgekommen ist. Dem Auge kann man jede beliebige Form vorzeichnen und sagen, unter dieser Form verstehe ich ein O, ein B oder sonst einen Buchstaben. Die Menschen haben sich diese Diktatur so lange gefallen lassen, dass sie gar keinen Begriff mehr davon haben, wie es möglich sei, dass die Natur auch hier ihre bestimmte Norm habe.

Und doch muss dieses notwendig sein, wenn die drei Faktoren, Gehör, Gefühl und Gesicht, eine Übereinstimmung unter sich haben und in Wirksamkeit treten sollen. Es haben sich schon viele Gelehrte mit diesem Gegenstand befasst, aber nie von dem beengenden Dogma befreien können, als seien diese Formen in den alten orientalischen Sprachen allein enthalten. Auch suchten sie nebst der Zusammensetzung der Buchstaben zu einem kabbalistischen Wort noch eine Bedeutung zu finden oder hineinzulegen.

Die wahre Kabbala ist in keiner einzelnen Sprache allein zu finden, auch beruht sie nicht auf Begriffen, sondern nur auf Kraft. In der Zusammensetzung der Buchstaben ist die Kraft der wahren Kabbala enthalten; Begriffe führt sie nur insofern bei sich, als man ihrer Wirksamkeit ein positives Ziel zeigt. Im kabbalistischen Worte ist das Ziel nicht ausgesprochen; es enthält bloß die Mittel, das Ziel zu erreichen. Freilich müssen aber dann, um die höchste Wirkung zu erzielen, die Buchstabenformen des Auges, des Gefühls und des Gehörs zusammenwirken; dann kann es wahr werden, was Christus sagt, indem er spricht: So ihr Glauben habet, so könnt ihr zu diesem Berge sagen stütze dich ins Meer, und es wird geschehen. Zu solchen Wirkungen aber muss uns ein Wort, das in seiner Zusammensetzung die notwendige Stärke in sich trägt, vom Worte des Schöpfers selbst gegeben sein.

Solche Wirksamkeit macht das Wesen unserer Kunst aus. Mögen denn die Aufgaben nicht gleich so groß sein, wie wo es sich um Versetzung von Gebirgen handelt, sondern im Kleinen in unser gewöhnliches Leben eingreifen, so haben wir schon viel getan, und auch die geringste Handlung in diesem Gebiet wird uns zum Zeugnis und zum bleibenden Verdienst gereichen.

Da ich mich über den Sinn der wahren Kabbala sogut als ich vermochte, ausgesprochen habe, so wollen wir zur Sache schreiten und die Urformen der Buchstaben, so viel in meiner Kraft steht, daszustellen suchen.

Die Elementarlehre zerfällt auch hier in 2 Teile:

l. in die Formen der Vokale und

2. in die Formen der Konsonanten

Die Vokale lassen sich in folgende Ordnung bringen:

i, e, ä,
ü, ö, ao,
u, o, a.

Die Naturformen sind ungefähr folgende:

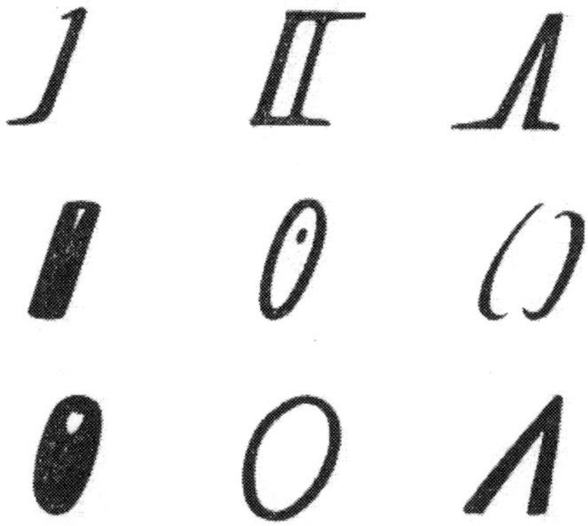

Das **e** drückt sich aus in der lateinischen Form **E**.

Das **Oe** wird auch bezeichnet mit einem Zirkelkreis und einem Punkt darin.

i, **ü** und **u** sind die dunkeln Vokale, durch deren Öffnung die anderen erhellt und klar werden.

Die Formen der Konsonanten, obschon sie sich aus vier Elementarbewegungen reduzieren lassen, sind weit schwerer zu bezeichnen als die der Vokale. Da jedoch ein jeder jener vieren eine bestimmte Wirksamkeit äußert, so lassen sie sich mit Beihilfe solcher Gegenstände, die mit ihrer Tätigkeit übereinstimmen, ziemlich genau bezeichnen. —

Die Organe, mit welchen man die Konsonanten ausspricht, sind Lippen, Zunge und Gaumen. Jedes von diesen kann vier Konsonanten aussprechen, welche unter sich eine solche Übereinstimmung besitzen, dass die Verschiedenheit bloß in der veränderten Lage des Organs besteht. Die Lippen haben die vier Buchstaben: **B**, **M**, Lippen-**R W**. Will man diese Buchstaben mit der Zunge sprechen, so erhalten wir: **D**, **N**, **R**, **L**. Ebenso verhält es sich mit dem Gaumen: **B**, **M**, **R**, **W** oder **D**, **N**, **R**, **L**. Im Gaumen gesprochen sind **G**, **Eng**, Gaumen-**R**, **Ch**. Sobald man nun eine dieser vier Klassen bezeichnet hat, so ist die Bezeichnung der anderen, die Örtlichkeit abgerechnet, auch gefunden. Um die Sache zu erleichtern, und so klar als möglich zu machen, wollen wir die Wirksamkeit dieser Konsonanten vorausschicken, und dann die bezeichnenden Formen dazu aufstellen.

Das **B** ist klopfend, das **W** zusammenziehend, auch an sich ziehend, das **R** ist erschütternd, das **W** ein liebliches Wehen, gleichsam ein Hauch der Liebe.

Ebenso verhält es sich auf der Zunge: **D** klopft, **N** zieht zusammen, **R** erschüttert und **L** ist nicht nur ein Hauch, sondern auch ein Band der Liebe.

Vergleichen wir die Gaumenbuchstaben, so be-merken wir das gleiche Verhältnis: **G** ist klopfend, **Eng** zusammenziehend, **R** erschütternd und **Eh** ist ein Lieblicher Hauch aus dem Innersten der Seele.

Um diese vierfache Tätigkeit darzustellen, bildet man ein Dreieck, dessen obere Verbindung jedoch mit einer Bogenlinie vollführt ist. (Figur l.) Über diese Bogenlinie zieht man eine zweite, um beide Lippen darzustellen (Figur 2a.).

Will man nun ein **B** bezeichnen, so kann man es mit keinem Mittel besser, als mit einem Hammer, welcher das Klopfen andeutet, darstellen (Figur 3a.). Bei dem **M** legt man die beiden Bogenlinien in der Mitte aufeinander (Figur 4.). Das **R** als erschütternde Kraft wird mit vielen aber ungleichen Zacken ausgedrückt (Fig. 5.).

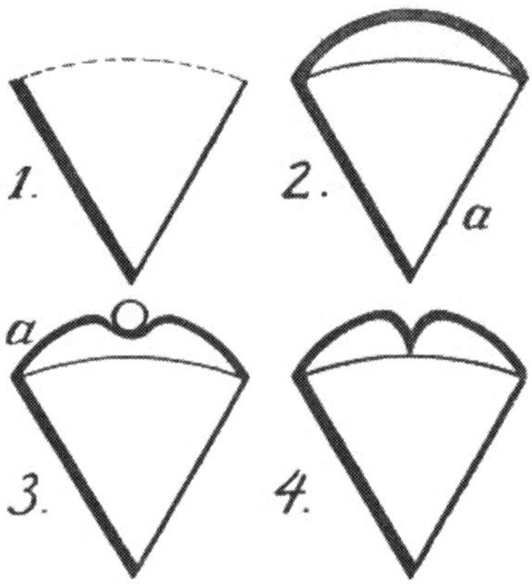

Das **W** zeichnet sich durch eine liebliche Öffnung in der Mitte der Bogenlinie aus (Figur 6.). Auf diese Art werden die Zungenbuchstaben, jedoch durch zwei mittlere Bogenlinien im Dreieck dargestellt (Figur 7.).

Ein Hämmerchen bezieht sich auf das **D**, die zwei geschlossenen Bogenlinien, wie oben auf **N**, das **R** wird durch ein Zickzack bezeichnet, **L** aber, welches als Zungen-**W** zu betrachten ist, hat nicht nur eine liebliche Öffnung, sondern gleichsam noch ein Band, womit es Gegenstände verbindet. Dieses Band aber bedarf keines besonderen Zeichens, weil es durch die Lage bedingt ist, die Öffnung aber muss wie oben abgedeutet sein.

Die Gaumentätigkeit äußert sich im Winkel des Dreiecks, indem man die krumme Linie so viel als möglich in denselben hineindrängt (Figur 8.). Mit zwei solcher kleinen Bogenlinien wird alles, was Lippen und Zunge gesprochen, auch hier angedeutet. Das **G** klopft, das **Eng** zieht zusammen, **R** erschüttert und **Ch** ist ein Hauch aus dem Innersten des Lebens.

Noch sind die vier Zahnlaute zu bezeichnen, was auch nur durch die Andeutung ihrer Örtlichkeit geschehen kann. Zu diesem Zweck bildet man abermals ein Dreieck und setzt die beiden

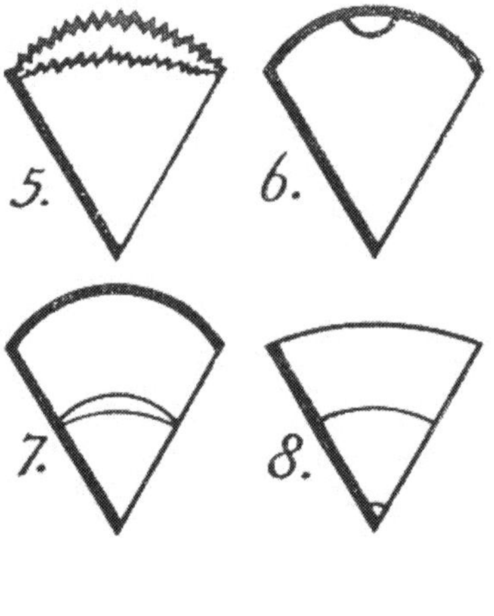

Zahnreihen hinein (Fig. 1). Will man das **F** zeichnen, so legt man die untere Lippe an die oberen Zähne (Fig. 2). Bei **V** aber kommt die obere Lippe an die unteren Zähne (Fig. 3).

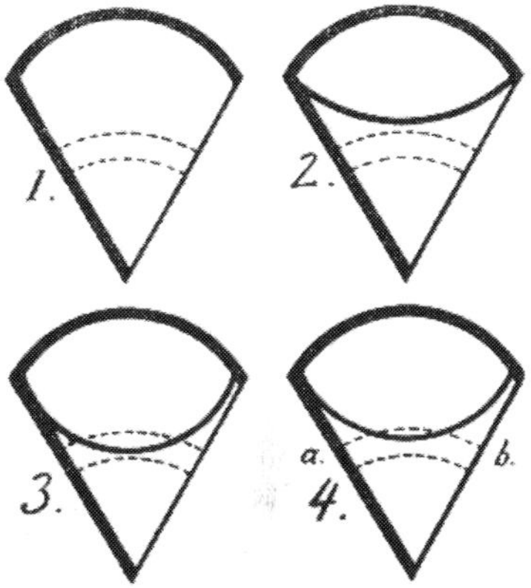

Die Zungenbuchstaben **S** und **Sch** lassen sich noch leichter ausführen, indem es allein die Zunge ist, die sich einmal bei **S** an die oberen, bei **Sch** aber an die unteren Zähne legt (Fig. 4a u. b).

Die Wirksamkeit der Zahnbuchstaben ist von den obigen abweichend, indem sie, jeder einzeln, Selbstständigkeit in sich tragen.

Die beiden Konsonanten **F** und **V** sind wehender Natur. **S** und **Sch** aber die vollständigsten Konsonanten von allen, weil sie für sich allein beinahe eine positive und universelle Bedeutung und Wirksamkeit haben. Um Aufmerksamkeit und Stille zu bewirken, gebraucht man ohne Vokale das **S** und das **Sch**. Letzteres sogar sehr oft als ein Zeichen eines strengen Verweises. **S** ist die trocknende und **Sch** die stürmende Kraft der Natur. Ohne **S** würden wir keine Kristalle, keine Metalle, keine Steine, kurz nichts Trockenes haben. **S** ist die Wirkung des Ausstrahlens eines ewig lebendigen Feuers, das in der Schöpfung die wohltätigste Kraft ausübt und für den Menschen, wenn er es gehörig verstünde, von den ersprießlichsten Folgen sein könnte. **Sch** aber ist die durch die Schöpfung stürmende Kraft, die alles, was sich der Trägheit, der tötenden Ruhe hingeben will, wieder aufregt und schlummernde Kräfte in Tätigkeit bringt.

Hier hast du eine schwache Schilderung der Buchstaben, eine Schilderung der Kraft, die von Ewigkeit war, die in Raum und Zeit keine Grenzen hat, die die Schöpfungskraft, mit einem Wort Gott, ist.

Ich habe lange Anstand genommen, darüber zu schreiben, da ich aber überzeugt bin, dass Gott nicht verborgen sein will, so habe ich es zu Papier gebracht und werde nun auch eine kleine Andeutung, wie man die Grundlinien der benannten Buchstaben zu einer Kurrentschrift gebrauchen könnte, beifügen.

Müsste ich als Lehrer auftreten und hätte keine Idee einer Formschrift, so würde ich die Konsonanten auf folgende Art schreiben (Bild S. 56 oben).

Der Punkt bei dem ersten Bogen stellte den Hammer, den man noch deutlicher machen könnte, dar. Die verdoppelte Bogenlinie des **M** deutete auf die geschlossenen Lippen. Das Zickzack des dritten Bogens bezöge sich auf die Erschütterung. Die Öffnung des vierten deutete auf den oben bezeichneten

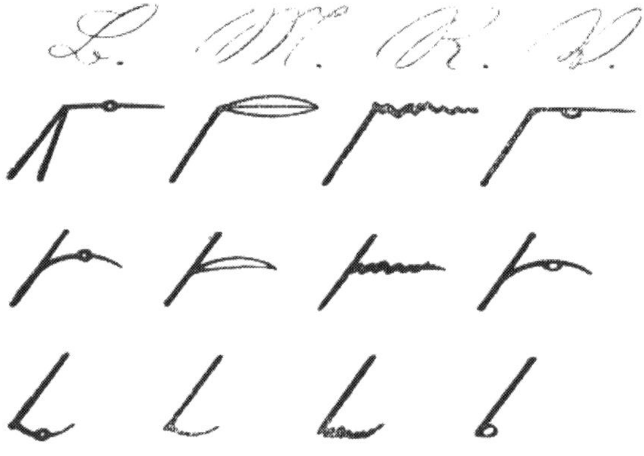

lieblichen Hauch. Auf dieselbe Weise jedoch auf dem mittleren Bogen würde ich die Zungenbuchstaben behandeln.

Die Gaumenbuchstaben aber ganz unten mit einem kurzen Bogen.

Mit den Zahnbuchstaben ließe sich freilich nicht so kurz verfahren, weil die Zähne angedeutet werden müssten. Die Figuren würden folgendermaßen ausfallen:

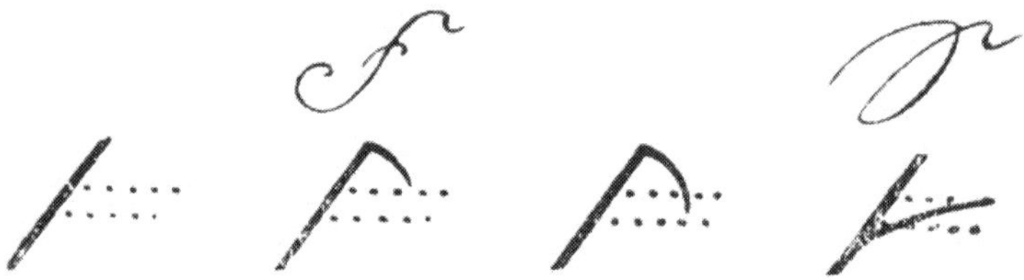

Ich fühle deutlich, wie unvollständig diese Andeutungen sind, und begnüge mich damit, die Grundidee angegeben zu haben. Ein anderer mag die Sache besser ausarbeiten, damit es so die Augen berührt, dass man sogleich den Buchstaben empfindet und ihn zu hören glaubt. —

Ich schließe diesen Brief mit der Bitte, du mögest den Willen für gelungene Tat nehmen und mich der Unvollkommenheit wegen nicht minder lieben.

12. Brief – Wie soll man sich üben?

Was und wie man arbeiten, und die Elemente üben soll, ist eigentlich zur Erreichung des Ziels die Hauptsache, indem die Übung allein uns fähig machen kann, etwas zu leisten. Mag man die Sache aus dem Fundament erkannt, und die Notwendigkeit derselben theoretisch begründet sehen, so ist man doch nicht imstande, sich als Künstler zu zeigen, weil jede Kunstproduktion zwar ein Ausfluss einer Wissenschaft ist, das Kunstwerk aber oder die Kunstproduktion weit über der Wissenschaft steht und sich zu derselben verhält, wie die Beschreibung des Goldes zum wirklichen Besitz. Also zur Sache.

Der Tempel der Weisheit ist die Sprache in allen ihren Beziehungen und Kräften. Die Elemente der Sprache aber sind die Buchstaben, darum müssen diese in allen ihren Regionen, wo sie sich denken, fühlen und aussprechen lassen, erkannt sein! Die Sprache nach außen ist dem Menschen von der ewigen Weisheit geschenkt, damit er in dieser Erkenntnisse sammeln, die Schöpfung beschauen und gleichsam alles zu seinem Eigentum machen kann. Da die Sprache aber nicht nur gesprochen, sondern auch gefühlt und gedacht sein will, so ist notwendig, dass wir ihre Elemente in unsere Denkvermögen und in das Gefühl aufnehmen, um nicht nur nach außen, sondern auch nach Innen sprechen zu lernen. —

Der äußere Mensch kann mit seinem Wissen und Wirken nicht zu einer positiven Unsterblichkeit gelangen, dazu ist notwendig, dass er in seinem Innersten, in allen Organen seines Leibes, seien sie außen oder innen, sein *Ich*, seinen Namen sprechen und diese Organe wieder sprechend Vernehmen kann. Wenn die Seele und ihr Geist in unserem Fleisch und Blut stecken bleiben, und sich nicht zu einem freien Ich beleben, so sind sie noch in der Erde vergraben, und müssen sich, wenn die Auflösung kommt, notwendig in Atome auflösen. Sobald wir sie aber von ihrer Gefangenschaft befreit und zum Sprechen gebracht, dann nehmen sie das äußere Ich in sich auf, werden Herr und Lenker auch des irdischen Lebens, und führen uns, da wir mit ihnen Eines geworden sind, im Triumph zur Unsterblichkeit. Aus diesem Grunde ist unsere unerlässlichste Pflicht, diese unsere Seele zum Sprechen zu bringen, uns mit ihr in Zwiesprache zu setzen und von ihr die unfehlbaren Gesetze für unser eigentliches Dasein zu empfangen.

Also frisch ans Werk! Anfangs sind wir die Lehrer des Geistes und der Seele; sobald aber diese einmal ihre Kräfte fühlen, dann werden sie Lehrer und wir Schüler, die sich aus ihre Führung und ihren Schutz, wie die Pflanzen auf den Einfluss der Sonne, verlassen können; darum soll mir der Geist die

Worte diktieren, damit sie zeugend in deine Seele eingehen und dich mit allen Schätzen der Ewigkeit bereichern.

Die Inder, die Perser, die Chinesen, die Ägypter, die Israeliten und zum Teil auch die alten Kirchenväter gaben ihren Bekennern Sprüche und Gebete, die ihre Schüler des Tages sehr oft, ja so oft als möglich, still in sich hinein sprechen mussten. Zu diesem Zweck wurde ihnen geboten, die Lippen zu schließen, die Zunge unbeweglich in ihre natürliche Lage hinter den Zähnen zu legen und so die Gebete und Sprüche, ohne Rücksicht auf den Inhalt zu nehmen, im Munde zu verarbeiten. In den Gebeten und Sprüchen selbst wird von den Verfassern mehr Rücksicht auf die mannigfaltige Stellung der Vokale und Konsonanten, als auf den Begriffsinhalt genommen. Dadurch wurden die Buchstaben zuerst an Lippen, in Zunge und Gaumen lebendig und verbreiteten sich endlich über und durch den ganzen Körper, sodass der ganze Mensch zuletzt als ein vollständiges Sprachorgan sich fühlte und die Stimme der Wahrheit in allen Gliedern erkannte.

Die Lippenbuchstaben zogen sich durch Haut und Fleisch bis an die Füße, die Zungenbuchstaben gingen hinter dem Knochensystem in die inneren Organe des Leibes, die Gaumenbuchstaben aber suchten überall einen Mittelpunkt oder einen geschlossenen Winkel, um von dort aus ihr Licht zu verbreiten.

So war es bei den Alten. Wir aber haschen nach Begriffen und bedeuten nicht, dass wir mit Steinen, von denen man spricht, oder auf das Papier zeichnet, keine Hütte, viel weniger einen Tempel für die Einigkeit bauen können. Die Freimaurerei, die das Wesen der Natur schon frühe erkannt hatte, gab ihren Schülern gleich anfangs nur die Elemente und begrifflose Worte zur Übung.

Um aber die Ausbreitung dieser Elemente und Worte kunstgerecht zu leiten, erteilte sie ihnen Zeichen, Griffe oder Berührung und hatte so lange sie diesen einfachen Weg der Natur wandelte, die Freude, echte Weise und königliche Künstler zu bilden.

Die Freimaurerei hatte zu ihren guten Zeiten, wo man sie an keine Zeit, an keine Geschichte und Persönlichkeit knüpfte, die einzige Aufgabe das Wort in sich zu erwecken und sich von demselben über den Endzweck des Daseins und dessen Pflichten belehrenzulassen. Als man unsere Anstalt an eine Geschichte, an ein Land oder an Personen zu binden suchte, hat sie aufgehört, eine Schule der Weisheit zu sein und wird eine Pietistenanstalt mit rationeller Schminke.

Die Freimaurerei hat auch die natürlichen Stufen erkannt, die der Mensch notwendig einhalten muss, wenn er sich nicht übereilen und den Lohn seines Strebens selbst rauben will. Der Lehrling teilt, wie oben gesagt, den Tempel in drei Teile, in die Beine, den Körper und das Haupt. Der Geselle hat fünfi Abteilungen, die Füße bis zu den Knien, bis an die Hüfte, an die Brust, an den Hals und endlich an den Scheitel des Hauptes.

Der Tempel des Meisters hat sieben Abteilungen, die Füße bis an die Knöchel, bis an die Knie, an die Hüfte, den Nabel, die Brust, den Hals und bis an den Scheitel. Der Meister aber muss noch weiter dringen, muss jede dieser Abteilungen noch in mehrere Teile auflösen und dadurch alle Räume des Lebens ergründen (S. Steg 1).

Jede der 7 Abteilungen lässt sich wieder in sieben kleine Teile zerlegen, dadurch erhalten wir, 7 mit 7 multipliziert = 49, und da der Scheitel zu diesem noch nicht gerechnet ist, 50 Abteilungen (Steg 2).

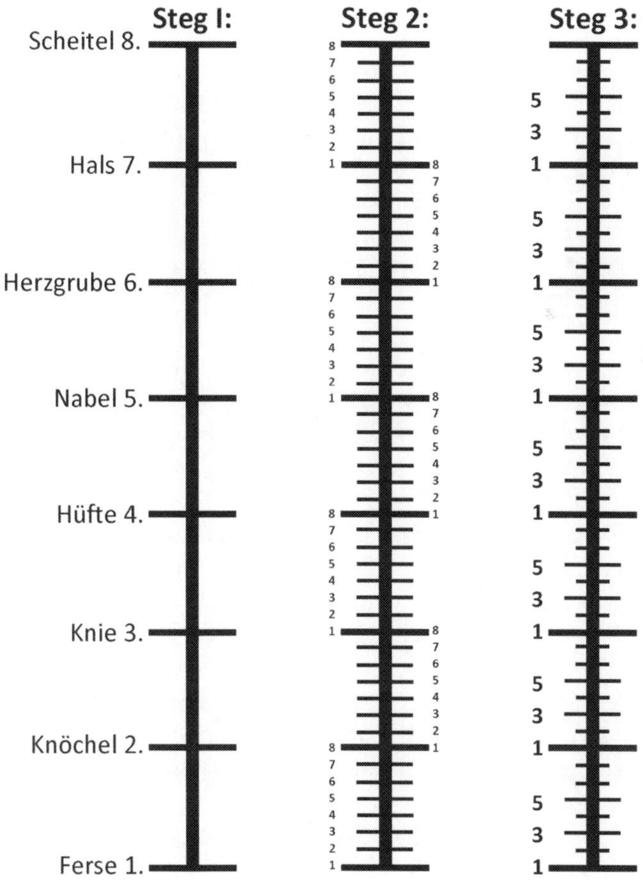

Die Natur enthüllt uns, wenn wir auf diese Art fortarbeiten, noch ein merkwürdiges Mysterium, und das besteht darin, dass immer die dritte und fünfte Stufe der kleinen Teile mit der ersten, die wir gerade vibrieren, berühren und somit ein Dreiklang hergestellt wird (Steg 3).

Noch mehr, nicht nur die Stufen, an denen wir gerade das Ordnungszeichen anlegen, geben eine solche Vibration von sich, sondern alle anderen, die mit der Zahl der untergeordneten Stufen im Einklang stehen, tun dasselbe. Um das, was ich soeben gesagt habe, deutlicher zu machen, werde ich alle Stufen auf Stäben bezeichnen. (Siehe oben).

Die sieben bezeichneten Stufen machen die Gestalt des Menschen aus. Sie sind aber nicht im Oktavenverhältnisse der Wochentage oder der Musik, sondern jede Abteilung macht eine Oktave aus, sodass mit jedem Eintritt in eine neue Stufe die Stelle mit 8 oder mit 1 bezeichnet werden kann. S. den Steg 2.

Auf diesem Steg sind 7 mal 7 Intervalle oder Stufen; da aber die letzte Stufe aus dem Scheitel wieder mit 8 oder 1 bezeichnet werden muss, so hat die menschliche Gestalt 50 natürliche Stufen. Machen wir vollends, wie oben schon bemerkt, mit den Armen 9 Stufen, so müssen wir 7 mal 9 = 63 zählen, und da die letzte Stufe immer auf 8 oder 1 zu stehen kommt, so gibt es eine Stufenleiter von 64 Intervallen, die als Quadratzahl von 8 der Sache ein Zeugnis von äußerer mathematischer Wahrheit geben. Ich meine, hier sei Aussicht genug zur Tätigkeit.

Die Vibration betreffend, ist folgende Regel. Man kann auf jeder siebenteiligen Stufe arbeiten, aber der Meistergrad der Freimaurerei hat den Magen zur Hauptstufe, gleichsam zum Manual erhoben. Sobald wir also den Nabel berühren, vibrieren die ersten Töne aller Stufen mit demselben im oktavenmäßigen Einklang mit; da aber mit 1 auch 3 und 5 vibrieren, so geschieht solches auf allen anderen Stufen.

Der menschliche Forschungstrieb ist jedoch, so weit umfassend sich diese Tätigkeit darstellt, dabei nicht stehen geblieben, sondern hat den Grundsatz ausgestellt, dass vor jeder Zahl ein Verhältnis wie: 1, 3 und 5 gemacht und daher auch auf diese Art der Dreiklang von jeder Zahl aus sich Vorfinden müsse.

Die Regel heißt: Wenn 3 und 5 zu 1 vibriert, so vibriert 4 und 6 zu 2, 5 und 7 zu 3, 6 und 8 zu 4, 7 und 2 in der oberen Stufe zu 5, 8 und 3 zu 6 und 2 und 4 zu 7. Nach diesem ergeben sich folgende Dreiklänge:

oben

$$135.\quad 246.\quad 469.\quad \overset{\frown}{572}.\quad \overset{\frown}{683}.\quad \overset{\frown}{724}.$$

Jede dieser ersten Zahlen des Dreiklangs wird dann um die Sache noch deutlicher zu machen, l.

1234567821345678.
123456782345678.
123456782345678.
123456782345678.
123456782345678.
123456782345678.
123456782345678.
123456782345678.

Mit dieser Formel bringt der Mensch seine ganze Natur unter seine Gewalt und kann sich mit allen Naturkräften in Verbindung setzen.

Jede dieser Skalen und auch der Dreiklänge hat einen besondern Charakter und besondere Wirkungen, je nachdem sie weichere, bewegliche, stehende Organe oder das Knochensystem berühren. Die Wirkung auf der zweiten Stufe ist, da sie im Gesicht das untere Kinnbein, das Nasenbein und die Organe über den Augen in Vibration setzt, von eingreifender Wirkung.

Es wird kaum nötig sein, die Stufen des Gesichtes namentlich anzuführen, da sie sich dem Fleißigen von selber zeigen; um jedoch dem Schüchternen nachzuhelfen, soll noch beigefügt werden, dass wenn der Hals 1 ist, das Kinn notwendig 2, der Mund 3, die Nase 4, die Augen 5, die Gehirnorgane über den Augen 6, die beiden Seitenkugeln auf dem Gehirn 7 und der Scheitel 8 sein müssen. Die Intervalle am Leibe geben sich, wenn wir das Zeichen richtig anlegen, von selbst zu erkennen. Die Hauptsache hiebei ist die richtige Einteilung in die sieben Stufen.

Anfangs gebraucht man zur Übung dieser höheren Arbeit das Meisterzeichen, sobald man aber einmal einige Fertigkeit erlangt hat, so kann man jeden Finger, die ganze Hand, die Faust, beide Hände oder auch nur die gedachte Hand anwenden, um die vollständigen Resultate zu ziehen. Noch mehr, es lassen sich auf jedem Teile des Leibes die Skala und die Dreiklänge erkennen. Der obere oder untere Teil des Armes kann uns als Manual dienen. Sogar jeder einzelne Finger, der durch seine Gelenke drei Stufen bildet, welche jede wieder sieben kleinere Unterabteilungen enthält, kann als Manual benutzt und dadurch alle Unterabteilungen in Vibration gesetzt werden.

Über die gedachte Form und ihre Wirksamkeit wirst du vielleicht Glossen machen, wenn du aber bedenkst, dass Vishnu mit 24 Armen tätig sein konnte, so müssen wir doch notwendig schließen, dass 22 davon bloß in der Idee vorhanden waren.

Wie du aus dem Labyrinth, in welches ich dich geführt habe, wieder herauskommen werdest, weiß ich nicht, traue dir aber Mut und Kraft zu, dich hineinzuwagen, und versichere dich, dass der, welcher einmal im Labyrinth sich fühlt, auch den Weg wieder herausfindet.

13. Brief

Lieber Bruder, ich habe schon oft die Erfahrung gemacht, dass wir, sobald wir das Göttliche der Menschennatur in zu wissenschaftliche Formen bringen wollen, unser Gemüt, in welchem doch die Quelle des Lebens fließt, ein wenig trocken zu werden droht. Dieses darf nicht sein, und daher müssen wir uns immer wieder an den Glauben und die Liebe wenden, um diese herrlichen Eigenschaften als Dessert nach zu kräftiger Kost zu genießen. Dieses Dessert, und wenn du willst, auch einen Kelch Dessertwein will ich dir reichen, um dir zu zeigen, dass mein Herz bei allem Grübeln nicht trocken geworden ist, im Gegenteil, dass ich alles, was ich wissenschaftlich ausspreche, durch die Stimme des Gemütes empfangen habe, das, wenn einmal das Wort in ihm lebendig geworden ist, so richtig, ja oft richtiger denken und urteilen kann, als das Gehirn.

Solange unser Streben und Forschen, unser Glauben und Lieben in Fleisch und Blut, ich möchte, sagen, nur in der Haut sitzen, haben sie keinen Wert und keine Dauer, sobald sie aber in das Mark der Knochen gedrungen, dann werden sie Herr, lassen sich nicht mehr vertreiben, sich den Szepter nicht mehr entreißen, sondern ziehen uns als Naturtrieb zu Gott hin. Aus diesem Grund hat der wahrhaft Gläubige, dem der Glaube und die Liebe im Mark der Knochen lebt, so viel zu erwarten, als derjenige, der dieses wissenschaftlich erlernt, erkannt und dargestellt hat. Mit dieser ewigen Naturwahrheit sind alle Menschen gleich gestellt, und keiner hat sich zu beklagen, wenn er nicht Gelegenheit fand, sich wissenschaftlich zu bilden oder sonst Anleitung zu bekommen. Wer wahrhaft glauben und lieben kann, hat die Krone des Lebens errungen, und wird sich einst unter die ersten der Unsterblichen zählen.

Es hat sich schon mancher Bruder gefragt: Warum und wozu die sonderbaren Vorbereitung und Reisen, die der aufzunehmende zu bestehen hat. Wofern wir aber bedenken, welche Gänge die gewöhnliche Speise zu machen hat, bis sie ihre Extrakte in das Rückenmark und in das Gehirn gesendet, so müssen wir uns vielmehr wundern, warum der Hindernisse nicht noch weit mehr in den Weg gelegt werden. Denn wie die körperliche, so muss auch die geistige Nahrung, die wir durch das Wort des Mundes empfangen, alle Kanäle durchlaufen, bis es ins Heiligtum gelangt.

Hier wirst du sagen: Wir empfangen manche geistige Nahrung, die wir nicht durch den Mund zu uns zu nehmen brauchen, indem es ebenso gut durch das Ohr oder das Auge in uns eingehen kann. Hier ist es ein Irrtum, den die Menschen sich selbst spielen, indem sie nicht bedenken, dass eine Wahrheit, die sie sich nicht auch selbst, mit ihren eigenen Worten, in Übereinstimmung mit ihrer eigentümlichen Denk- und Gefühlsweise ausgesprochen haben, noch keine Wahrheit für sie ist. Was wir als Lehre hören und sehen, ist bloß Material, das wir selbst verarbeiten und für uns Mundrecht machen sollen; so lange dieses nicht geschehen ist, bleibt das Gehörte und Gesehene das vom Markt in die Küche gebrachte Material, das nun gereinigt, gekocht und Vorbereitet werden muss, ehe es für uns genießbar ist. So auch hier. Wer bloß hört, sieht und liest, lernt, wenn er es nicht ausgesprochen und für seinen geistigen Magen zurecht gemacht hat, nichts als schwatzen und Wind mit seinen an sich hingebangten Reichtümern machen. Aus diesem Grund ist es so wesentlich notwendig, dass alle Brüder einer bild □, nicht nur die hochgelehrten Zeichnungen liefern, damit das Gehörte in ihren Mund eingehe und sie nähre mit selbst zubereiteter Speise.

Das Wort, wenn es uns dienlich sein soll, darf nicht nur gehört und gesehen, sondern muss auch gefühlt werden. Erst wenn wir es selber sprechen, fühlen wir es wahrhaftig und geben Zeugnis von seiner äußeren und inneren Wirksamkeit. Darum lieber Bruder, wollen wir nicht faul sein und uns aussprechen, wo es Gelegenheit gibt.

Zwar macht es einen großen Unterschied, was und worüber man spricht. Wer Gemeines spricht, nährt sich mit Gemeinem, wer Göttliches spricht, mit Göttlichem. Ja, wer sich der Meinung, der beschränkten Ansicht, den Vorurteilen, dem kalten Nationalismus oder der Orthodoxie übergibt und beständig davon spricht, wird endlich so befangen, dass er keinen Sinn für urgesetzliche geistige Bestimmungen mehr hat und sich auf seinem eingeengten Pfade mechanisch fortbewegen lassen muss. Im urgesetzlichen Zustand sieht man alle Reiche des Lebens, sieht die krummen wie die richtigen Wege und weiß sich am Ende so Rechenschaft darüber zu geben, dass man jeden Augenblick imstande ist, es mit Worten auszudrücken. Also, lieber Bruder, wollen wir immer sprechen und schreiben und sollten unsere Worte gleich den Worten Johannis in der Wüste verklingen.

14. Brief – Kurze Vergleichung einiger Punkte der Johannis-Grade

In der Lehrlingssäule haben wir oben gesagt, seien die Vokale und in der Gesellenschule die Konsonanten. Unsere Rituale sind in mehreren Punkten von dieser natürlichen Einteilung abgewichen und haben dadurch manche Verwirrung veranlasst. Zwar ist nicht anzunehmen, dass die Abänderung ohne Grund, aus Unwissenheit oder aus Laune gemacht worden so, sondern dass die Sache dadurch gewonnen haben müsse.

Bloß mit Vokalen zu arbeiten, ist eine schwierige Aufgabe, weil ihre Strömungen keinen Stillstand haben und daher nur schwer gefühlt werden können. Dieser Schwierigkeit zu begegnen, hat man das Wort **I A O** geteilt und statt des letzteren die Silbe hin gesetzt. Die Absicht des leichteren Fühlens wurde erreicht, aber, wie gesagt, die natürliche Einteilung aufgehoben. Zwar hat man dem Gesellenwort das **O** beigegeben und die Sache so ergänzt, dass man durch Zusammensetzung der Vokale das Wort **I A O A** gewinnt und der Sache nach nichts hinweggelassen ist.

Hier kann ich die Bemerkung nicht unberührt lassen, dass das Wort Pythagoras dasselbe System in sich zu enthalten scheint, indem die Vokale dieses Namens auch das Wort **IAOA** ausmachen. Betrachten wir bei dieser Gelegenheit auch die Konsonanten des besagten Wortes, so finden wir Lippen-, Zungen- und Gaumen-Konsonanten in der natürlichsten Folge und um auch die Zahnbuchstaben nicht aus dem Bereich zu lassen, führt er uns durch das erschütternde R zu dem beinahe alles Vermögenden Zahnbuchstaben S hin und zeigt uns dadurch gleichsam den ganzen Plan seiner Lehrart.

Nach dieser Vergleichung können wir nicht anders, als unsere Rituale einer systematischen Mangelhaftigkeit beschuldigen, die, wenn sie sich nicht im dritten Grade rechtfertigt, um jeden Preis beseitigt werden sollte.

Die Mangelhaftigkeit wird im dritten Grade nicht aufgehoben, im Gegenteil noch gekräftigt. Vor der Wiederbelebung des Meisters spricht der zweite Aufseher das Lehrlingswort mit dem Nachsatz: die Haut löst sich vom Fleische. Da jedoch Haut und Fleisch oder Muskeln nur durch die Lippen-Konsonanten erregt werden können, im Lehrlingsgrad aber nicht ein einziger Lippenbuchstaben enthalten ist, so müssen wir auf eine völlige Unrichtigkeit des Lehrlingswortes schließen. Spräche man statt Jakin — Jakim, wie der Name in den ältesten Ausgaben der lutherischen Bibel geschrieben steht, so wäre dem Übelstand wenigstens einigermaßen abgeholfen.

Da müsste aber noch dem Übelstand, dass in beiden Seiten Vokale und Konsonanten untereinander gemischt sind, vorgebeugt werden. Dieses aber könnte nur geschehen, wenn **I. A. O.** wieder zum Lehrlings- und Benak zum Gesellenwort gemacht würden. Da müssten aber die Worte der beiden Aufseher im dritten Grade dahin abgeändert werden, dass der zweite Aufseher spräche:

I. A. O. - Das Leben haftet nicht.

Der erste Aufseher müsste sagen: Benak. Des Lebens Bedeutung fühlt sich nicht.

Dann käme der Meister mit dem alten vollständigen Meisterwort, durchdränge alle Kanäle des Leibes, und nachdem er den Leichnam belebt hätte, gäbe er ihm mit dem neuen Meisterwerk Gefühl und Bedeutung.

Da aber einer solchen Abänderung tausend Hindernisse in den Weg treten würden, so wäre der leichtere Weg, dieser Inkonsequenz zu steuern, der, dass man wenigstens die Brüder Meister über diese Abweichungen durch eine kurze, aber bündige Erklärung in Kenntnis setzte und sie dadurch vor allen ferneren Verirrungen bewahrte.

Das Wort Jakim sollte unbedingt von allen Großlogen als Lehrlingswort festgesetzt werden.

Ich glaube, dir jetzt über das Wesen und den Geist der drei Johannisgrade ziemlich Aufklärung gegeben zu haben, und werde dir in einem folgenden Brief meine Ansichten über die höheren Grade kurz aber unumwunden mitteilen.

15. Brief

Über nichts hört man sonderbarere Urteile, als über die höheren Grade der Freimaurerei. Ich habe mich nicht in so viele Grade, als ich gewünscht hätte, aus Mangel an Gelegenheit ausnehmen lassen können.

Dagegen habe ich die meisten Rituale gelesen, habe, wenn sie auch noch so unvollständig dargestellt waren, in Zeichen, Griff und Wort, an der Zeit ihrer Arbeiten, an ihrem Klopfen, an der Einrichtung der □, an dem Alter der Brüder und zum Teil an ihrer Stellung in der □ den Geist und die Tendenz des Graden erkannt, Du wirst hier meinen, das sei ein wenig zu viel gesagt. Aber ich beziehe mich auf den Grundsatz Pestalozzis, der da heißt: *Wer etwas lernen will, der suche die Elemente, übe sie und die Erklärung wird von selber kommen.*

Wo man die Erklärungen vorausschickt, da werden sie nicht verstanden, und die Erlernung der Kunst oder Wissenschaft wird dadurch erschwert. Will man eine fremde Sprache studieren, so erforsche man die Grundregeln der Sprache, die man schon spricht, und die Erlernung der neuen ist eine bloße mechanische Gedächtnissache. Zeichen, Griff und Wort und einige Gebrauche sind die wesentlichsten Einzelheiten eines jeden Grades; wer diese in den Johannisgraden erkannt hat, muss notwendig alle anderen mit Leichtigkeit erkennen. Ich nehme mir vor, die bekanntesten Symbole des fünften Grades der blauen Maurerei, des schottischen Ritters zu erkennen und untersuche den Einfluss des Schärpenzeichens, übe den Griff und sehe das Wort oben auf dem kubischen Stein auf einem besonderen Dreieck stehen, bedenke zugleich, dass man das Delta unter den kubischen Stein, in die Nähe der Zeugungsorgane versteckt, dann können diese Symbole, vorausgesetzt, dass man die früheren begriffen habe, kein Rätsel bleiben.

Das Delta ist ein Dreieck, als sechster Teil aus dem Zirkelkreis entnommen. Oben haben wir gesehen, dass durch diese Form sich alle Konsonanten bezeichnen lassen. Da man die Konsonanten jedoch ohne Vokale nicht denken und sprechen kann, so ist ein solches Delta das natürliche Bild des Wortes. Aber du wirst fragen wollen, warum das Delta an einen solchen gefährlichen Ort gelegt wurde. Hier gebe ich dir zu bedenken, dass man keinen Samen an das Sonnenlicht sondern in die feuchte Finsternis legt, dort entwickelt er sich, treibt Keime, Stamm und endlich Blumen und Früchte. Kann es in geistiger Beziehung anders sein? Nein, die Natur schafft und wirkt überall nach Einem und demselben Gesetze.

Ebenso verhält es sich mit den Symbolen einer jeden Religion, die man, wenn man die Symbole der Johannisgrade gehörig innehat, mit leichter Mühe verstehen kann. Hier wollte ich es auf Proben ankommen lassen, ob ich dem Türken den Islam, dem Chinesen den Buddhismus nicht deutlicher erklären wollte, als er selbst weiß. Du stehst, dass ich hier auf ein Feld komme, wo ich leicht ein großes Buch schreiben könnte. Da ich dir aber keine Langeweile machen will, so verlasse ich mich auf deinen Glauben an mich und will die Frage untersuchen, warum so viele dem Anschein nach erleuchtete Freimaurer, so sehr gegen die höheren Grade eingenommen sind.

Es mag sein, dass die höheren Grade schon oft missbraucht worden sind, aber was ist denn vorhanden, das nicht schon missbraucht worden wäre? Wie oft schon wurde durch Rechtsgelehrsamkeit das Recht verdreht? Wie oft die Chemie zur Bereitung von Giften missbraucht, um Freunde, Verwandte und Andere damit zu töten? Wie oft schon wurden Worte und Gebärden der Freundschaft geheuchelt, um Betrug und Verrat zu üben? Soll man um dessentwillen alle Erfindungen verbannen? Soll man das Gefühl der Freundschaft, weil es falsche Freunde geben kann, unterdrücken? Ich habe noch keinen einzigen Freimaurergrad kennenlernen, in welchem nicht wesentlich Gutes enthalten wäre, aber auch noch in keinem etwas vorsätzlich Schlechtes gefunden, und darum ist es eine nicht zu billigende Engherzigkeit, die höheren Grade zu verdammen und aus unseren Tempeln zu entfernen.

Freilich gibt es auch triftige Gründe, die zu einem solchen Verbannungsurteil Veranlassung genug geben. — Mancher hochgestellte Maurer hat noch gar keinen Begriff davon, was unsere Anstalt eigentlich unter dem Ausdruck — Wort versteht. In den Johannisgraden hat man durch die Länge der Zeit dieses Wort zu umgehen gewusst, und ihm andere Deutungen gegeben; die höheren Grade zielen aber größtenteils zu unzweideutig auf die Erkenntnis und Erweckung desselben hin, als dass man sich mit bloßen Phrasen durchhelfen könnte, und da muss man sich freilich davor hüten, um nicht einmal von einem Bruder zu einer Erklärung aufgefordert zu werden, die man nicht zu geben imstande wäre. In dem fünften Grade der rektifizierten französischen, schottischen Freimaurerei heißt es: der vollkommene Meister erkennt den Zirkel und dessen Quadratur: — Nun frage ich: Wenn unsere Redner und Stuhlmeister eine Lehre darüber geben müssten, wie würden sie da bestehen? Wenn sie ehrlich wären, müssten sie sprechen, das wissen wir nicht. Da aber das Schamgefühl schon manchen ehrlichen Mann zum unehrlichen gemacht, so wird die Ausflucht darin bestehen, dass eine solche Aufgabe Unsinn sei, indem noch kein Geometer der Weltgeschichte diese Aufgabe gelöst habe. Was müsste aber ein angehender vollkommener Meister auf eine solche Antwort denken? Würde er nicht schließen: Wenn dieses Unsinn ist, wer steht mir dafür, ob nicht alles Unsinn sei, was ich in dem Orden gehört habe. Wer in der Bibel nur einen Satz wegstreicht, gefährdet die ganze heilige Schrift; denn wenn einer eine Lüge sein kann, wer steht uns dafür, ob nicht drei, fünf, tausend, ja ob nicht das Ganze ein bloßes Gedicht sei.

Du wirst, wenn du dieses liest, kuriose Augen machen; aber recht wirst du mir geben, das sagt mir mein Inneres. Nicht von außen kommt die Verfinsterung, sondern vom Innern, weil da auch kein Licht mehr leuchtet und auf Kanzeln und Altären die Wahrheit auf eine Weise verletzt wird, dass man ihr Antlitz nicht mehr kennt und es kaum der Mühe wert hält, es ernstlich zu betrachten.

16. Brief

Ich habe viel geschrieben und mein Versprechen gehalten. Ich bin überzeugt, dass du in den alten Schriften manches Übereinstimmende finden wirst. Bei solchen Forschungen aber muss man sich vor Einseitigkeit hüten und nie vergessen, dass die Alten nur ihre Sprache kabbalistischer Wirksamkeit fähig hielten. Die Kabbala liegt im A B C, aus welchem alle Sprachen gebildet sind. Wollten wir diese erhabene Wissenschaft auf irgendein Land, aus eine Zeit oder Sprache beschränken, so würden wir uns an der Güte und Unendlichkeit des Schöpfers versündigen, der keines seiner menschgewordenen Kinder bevorzugt oder zurücksetzt.

Noch eines Punktes muss ich erwähnen und das ist das Ein- und Ausatmen. Die Inder, um das Licht in sich zu schauen, machen eine Stellung, die nur sie mit der gewohnten Gelenkigkeit ihrer Glieder auszuführen fähig sind. Sie schließen mit den beiden Daumenfingern die Ohren, mit den Zeigefingern die Augen, mit den Mittelfingern die Nase und mit den anderen vier die Lippen. Mit den Fersen der Füße bedecken sie die vordere und hintere Öffnung am Ende des Unterleibes, und sind dann überzeugt, dass auf diese Art nur höchst Reines und Göttliches eingeatmet werde. In dieser Stellung können sie, ohne durch die Nase oder den Mund zu atmen, Viertelstunden lang verweilen, sodass es allen, die es sehen, als ein Wunder vorkommt. Allein eine solche sichtbare Schließung der leiblichen Öffnungen ist nicht notwendig, indem wir mit der Zunge, wenn sie einmal gehörig belebt ist, alle oben genannten Öffnungen schließen können. Man kann auch Mund, Nase, Augen, Ohren und beide andere Öffnungen einzeln schließen, und hat beinahe dieselben Wirkungen. Man atme zum Beispiel zum Munde heraus, schließe ihn fest mit Lippe und Zunge, ziehe den Atem des Mundes an sich, und man wird es dahin bringen, dass man den ganzen Körper gleichsam erleuchtet sieht. Ebenso ist es mit der Nase, Augen, Ohren und den anderen Öffnungen. Mit dem Schließen mehrerer oder aller genannter Organe vergrößert sich zwar die Wirksamkeit, da es aber nicht notwendig ist, stets allen Reichtum, den man besitzt, auszugeben, oder da, wo zehn Mann hinreichen, zehntausend zu nehmen, so soll man sich hauptsächlich bemühen, über jedes einzelne Organ gehörig Herr zu werden, damit man, wenn der Augenblick es erfordert, entweder alle hintereinander, oder auf einmal gebrauchen kann. —

Ich weiß, das ist eine schwere Lehre, bei welcher mancher hinter sich gehen möchte, allein sobald man einmal an diese Arbeit gekommen ist, dann wird die Sache Herr und die Kreatur hat sich bloß als Mittel, als Instrument herzugeben.

Ein eigenes Ding ist es mit dem siebenten Grad, oder mit der christlichen Religion, wo häufig der Heilige Geist eingehaucht wurde; Der Heilige Geist bei den Christen aber ist doppelter Art; entweder ist es der in uns lebendig gewordene Glaube, verbunden mit Hoffnung und Liebe; oder die Erkenntnis des Wortes, das durch unsere Seele zu uns spricht. Die Ersten sind die Gläubigen, die Zweiten die Wissenden. Christus selbst spricht diese Abteilung auf das Bestimmteste aus, indem er Mark. 4 – 11 sagt:

Euch ist es gegeben, das Geheimnis des Reichs zu wissen, denen aber draußen widerfährt es Alles durch Gleichnisse. (Vergl. Matthäus Kap. 13, V. II, Lukas Kap. 8, V. 10).

Zu welchen sollen die Freimaurer sich zählen, zu den Gläubigen oder zu den Wissenden? — Die Jünger Christi waren Wissende, ebenso die Jünger Johannis des Täufers, die noch im dritten Jahrhundert den Namen Gnostiker führten. Christus hat den Glauben als ein Surrogat des Wissens für die Menge ausgestellt, diejenigen, die Zeit und Talent genug besitzen, zum Wissen zu dringen, würden gegen den Geist des Christentums handeln, wollten sie, wie der Bauersmann, mit dem Glauben sich begnügen. Wissen und Glauben muss unter den Menschen stets nebeneinander gehen, dann kann die Religion ihre Schätze enthüllen und sich vors jeder Missdeutung bewahren.

Mit diesem Schluss grüße ich dich im Geiste und lebe in der Hoffnung, dich bald wieder zu sehen und dir alles, was dir nicht ganz klar ist, genießbar und verständlich zu machen.

2. Teil. – Der Tapis

Einleitung

Wenn wir die Schöpfung betrachten, sehen wir Sonne, Mond und Sterne. Sind dieses die Lichter, die uns leuchten und uns zum Leben erwecken, oder gibt es noch andere Kräfte, die unseren Durst nach Erkenntnis stillen?

Zwischen Sonne, Mond und Sterne dehnt sich der Raum in die Unendlichkeit aus. Sonne, Mond und Sterne sind Weltkörper und vielleicht geworden. Der Raum ist nicht geworden; er war, ehe Sonne, Mond und Sterne waren, und ist demnach dasjenige, worin sich der Begriff – Ewigkeit – vollständig realisiert.

Noch eines drängt sich dem Verstande als ewig auf — die Zeit. — Der Einteilung nach ist sie zwar nicht ewig, allein wenn man bedenkt, dass der Raum keinen Anfang nahm, so gibt es eine ewige Vergangenheit, und wir gewinnen abermals ein Reich, das sich nicht messen lässt und ohne Grenzen ist.

Was wäre der Raum, wenn sich nicht Sonne, Mond und Sterne darin bewegten? Würde er leer, ohne Stoff, ohne Geist und Leben sein? Was wäre die Zeit, wenn die Bewegungen der Gestirne sich nicht in bestimmte Epochen einteilten? Herrschte außer diesen keine Wirksamkeit im Raume, welche, wenn auch dem Auge unsichtbar, von einem Zustand in den anderen überginge und gewissermaßen Zeitabschnitte bildete?

Die Zeit bewegt sich im Raume; dieser aber entwickelt seine Kräfte in ihr. Zeit und Raum sind ineinander enthalten, wie zwei ineinander geschlungene Dreiecke oder wie ein von zwei Balken errichtetes Kreuz.

Zwei Reiche, die sich aber in eines verschlingen, haben wir gefunden, welche das Siegel der Ewigkeit unverkennbar an sich tragen und sich als einen Tempel darstellen, dessen Dauer über jeder Veränderung steht und uns die Aussicht in die Unendlichkeit öffnen.

Der Raum ist ewig und von Ewigkeit. Was war in ihm, ehe Welten wurden, und was ist in ihm, da Welten sind? — Wenn die Welten nicht von Ewigkeit bestehen, so lag der Stoff dazu von Ewigkeit im Raume; dieser war daher kein Leerer, sondern ein mit Stoff künftiger Welten und ihrer Geschöpfe angefüllter Behälter.

Im Raum befindet sich ein flüchtiges Wesen, das sich nicht benennen lässt, aber ohne Unterbrechung aneinander hängt und nirgends die geringste

Lücke hat. Dieses flüchtige Wesen fließt vermöge der Zeit, stets in und durcheinander, und ist auf diese Art die Grundursache alles Gewordenen.

Wo Bewegung ist, ist Leben. Wo Leben ist, wirkt Geist. — Wo geistige Kräfte walten, da äußert sich das Wort und insofern dasselbe nur in reinen Formen spricht und sprechen kann, so müssen die Bewegungen von seinen Linien geleitet, zu einem festen Ziel kommen, das Flüchtige vom minder Flüchtigen sich sondern und so zwei Welten entstehen, die in völligem Gegensatze zu einander sind, indem die eine sich immer mehr verdichtet, die andere aber durch Entledigung roher Stoffe stets reiner wird.

Das flüchtige Wesen im Raum hat sich der rohen Stoff entledigt, allein nun fühlt es sich alarmiert durch das in ihm entfesselte Feuer und Licht, stößt auch diese von sich und bildet daraus am Gewölbe des Himmels eine leuchtende Kugel, die Sonne und glänzende Sterne. Es selbst, das Wesen im Raume, hat seine Temperatur behauptet; das Kalte unter sich als Wasser und Erde, das Warme oben im Lichte der Sonne vereinigen sich ununterbrochen in ihm und die dadurch entwickelte Luft fliegt, von der Wärme getrieben, von Zone zu Zone, von Stern zu Stern und trägt als geflügelter Merkurius den Geist des Himmels zur Erde und von da wieder zurück zum Himmel.

Wir haben nun die Schöpfung vor unseren Augen, haben jedoch zugleich eine Kraft, die nicht erschaffen, nicht geworden ist, und die, wenn auch Sonne und Erden vergehen, notwendig bleiben muss, und diese ist der Raum, mit dem in ihm fließenden Wesen. Was ist das für ein Wesen, für ein Geist? Sollte man billig fragen. Kann er alles das leisten, was wir um uns und in der Schöpfung sehen? Er muss es leisten können, sonst wäre es nicht vorhanden, wie es ist. Er ist das notwendig Erste und Letzte, und außer ihm ist kein Anderes, das man nicht in die Reihe des Gewordenen zählen könnte.

Wie lernen wir aber diesen ewigen Geist, diese lebendige ewige Kraft erkennen? Wo offenbart er sich dem Menschen? — Hier ist die Antwort, nicht wegen des Mangels, sondern wegen des Reichtums der Offenbarungen, schwer. Man sollte die Frage umkehren und sagen: Wo offenbart sich dieser Geist nicht? — Überall ist Offenbarung des Geistes, vom Sandkorn in der Wüste bis zur Stimme des Seraphs, die neben Gott spricht. Wenn wir diese Offenbarungen nicht kennen, nicht sehen, hören und fühlen, so sind unsere Blödsinnigkeit, unsere Eigensinn, unsere Vorurteile, unser Hochmut, mit Einem Worte, unsere gänzliche Blindheit daran Schuld. Wir nähren uns mit Speisen, wohl wissend, dass wir sonst nicht leben könnten. Wir atmen Lust ein, überzeugt, dass im luftleeren Raume das Leben plötzlich verschwinden würde. Das Vermögen zu denken bildet im Menschen ein eigenes Lebensreich, das wissen wir, behaupten aber doch, das Gedankenleben bedürfe keines Atems, keines Einflusses von oben, und belegen diejenigen, dies hier den

Gesetzen der Natur gemäß verfahren, mit dem Namen Schwärmer, Mystiker und Finsterlinge.

Wer nur eine Viertelstunde lang keine Lust ein atmete, würde des Todes sein. Der Schöpfer hat es in geistiger Hinsicht wohltätiger eingerichtet, indem wir ziemlich lange Zeit ohne geistigen Atem bestehen können; wer aber dessen allzu lange entbehrt, niemals reine, immer nur von anderen ausgeatmete Lebensluft in sich zieht, der wird in Einseitigkeit, fade Geschwätzigkeit, hochmütige Anmaßung, Stumpfsinn und Geckenhaftigkeit verfallen, und von früheren Geistesanlagen und Verstandeskräften kaum noch Spuren zeigen.

Aus dem Reinen, aus dem Äther muss uns das richtige Leben kommen. Der Einfluss jenes flüchtigen Wesens, das wie die Luft uns umgibt, muss uns die Überzeugung verschaffen, dass wir Kinder Eines Geistes sind, der über dem Zufall steht und ununterbrochen herrscht von Ewigkeit zu Ewigkeit. Und Gott blies dem Menschen ein den lebendigen Odem in seine Nase. Und also war der Mensch eine lebendige Seele.

Der Mensch ist gebaut aus Erde und nur Gott vermag es, ihm eine lebendige Seele einzuhauchen. Dieses Einhauchen bezieht sich nicht auf einen einzelnen oder ersten Menschen, sondern auf jeden des ganzen Menschengeschlechts. Jedem muss Gott die lebendige Seele einhauchen, so wahr, als die Luft die Lunge eines Jeden nährt. Ebenso gut die Trauben unserer Zeit, gerade wie die erste Traube, durch warmes Sonnenlicht zur Reife gebracht werden müssen, ebenso notwendig muss uns Gott, wie dem ersten Menschen, eine lebendige Seele einhauchen, sollen wir zur lebendigen Seele werden.

Auf welche Art kann uns Gott eine lebendige Seele einhauchen? Ist wohl jetzt die wichtigste Frage. Da wir zur Absicht haben, eine Erklärung über den Tapis zu geben, diese aber mit dem Gesagten im engsten Zusammenhange steht, so machen wir den Leser auf folgende Zeilen aufmerksam, indem wir hoffen, solche Andeutungen zu geben, vermöge welcher er den Gegenstand gehörig zu würdigen und in seine Gefühls- und Denkweise aufzunehmen fähig gemacht wird.

Der Tapis

Man sagt vom Tapis, er sei eine Abbildung der Lege. Man lässt sich diese Erklärung gläubig gefallen, ungeachtet er (der Tapis) Manches enthält, was wir nicht in der Loge erblicken, diese aber Manches in sich schließt, was wir nicht aus dem Tapis wahrnehmen. Die notwendige Frage ist demnach hier: Wofern der Tapis keine Abbildung der Loge ist, als was haben wir ihn alsdann zu betrachten?

Der Tapis gibt uns beim ersten Anblick ein Bild der Tätigkeit der Natur im Allgemeinen, indem die Sonne auf rohe Stoffe, auf den rauen Stein wirkt, um Erzeugnisse aller Art hervorzurufen. Bei näherer Untersuchung finden wir jedoch so viele von dieser Ansicht abweichende Erscheinungen, dass wir bald von dieser Idee abkommen und hinter dem Tapis ein Lehrsystem suchen, wie wir bei anderen uns vorgelegten Symbolen zu finden gewöhnt sind.

Der Mensch ist für uns das Wichtigste in der Schöpfung; aus dem Tapis strahlt uns sein Bild unter mehrfachen Andeutungen entgegen. In der Sonne, oben links in der Ecke, ist das menschliche Antlitz; oben rechts im Monde sehen wir dasselbe; unten aber in der Mitte sehen wir menschliche Fußstapfe, die uns gleichsam den Eintritt des Menschen in den Tempel der Erkenntnis andeuten. Diese Ansicht, als sei der Tapis ein Bild des Menschen, wird noch verstärkt, insofern wir auf demselben eine Menge Arbeitsgerätschaften sehen, die nur von der Hand des Menschen gebraucht werden können, und viele künstlich bearbeitete Gegenstände erblicken, die nur der Verstand und die Geschicklichkeit desselben (des Menschen) so herzustellen im Stande waren. Ja, aus allen Folgerungen, welche der geübteste Scharfsinn hier machen kann, lässt sich folgendes Urteil aussprechen:

Der Tapis ist das Bild des Menschen von seinem ungebildetsten Zustande an bis zur höchsten Vollkommenheit.

Wenn dieses Urteil gegründet ist, so haben wir auf einmal einen Wegweiser vor uns, der ohne Rücksicht aus Meinung und Ansichten mit klaren Zeichen spricht und dadurch dem Eindringen jeder falschen Deutung den Weg versperrt.

Der Tapis ist ein Bild des Menschen, die Sonne darauf in der oberen linken Ecke das Antlitz desselben. Unter der Sonne, in der unteren linken Ecke liegt der raue Stein als Stand- und Befestigungspunkt und zugleich als Sinnbild der Unvollkommenheit des Menschen. Zwischen Sonne und rauem Stein ist das Senkblei, um anzudeuten, dass alles, was das Antlitz als Vorstellung empfängt, hinunter an die Füße gebracht werden soll, um von da aus, gehörig bearbeitet, auf richtigem Wege wieder in die Höhe gebracht zu werden.

Auf der rechten Seite des Tapis in der untern Ecke befindet sich der behauene Stein, über demselben in der oberen Ecke der rückwärts halb erleuchtete Mond. Zwischen diesen beiden steht die Bleiwaage, als Zeichen des Hinauswärtsbauens. Von dem Antlitz steigt man herunter zu den Füßen als rauer Stein, von dem behauenen Stein erhebt man sich durch das Mark in den Knochen und durch das Rückenmark in die Kuppel des Tempels, in das Gehirn und empfängt hier zum ersten Mal die Vorahnung eines freien Denkens und Wissens.

Zwei Wege haben wir gemacht, herunter und hinauf; aber noch ist uns die obere, in der Mitte des Tapis befindliche Tür verschlossen. Wie gelangen wir zu dieser? und mit welchen Mitteln wird sie geöffnet? Von dem Antlitz aus sind wir als raue Steine an die Füße — vom behauenen Stein aus in den Mond, den hinteren Teil des Kopfes gestiegen. Nun fragt es sich, ob wir da verweilen können oder genötigt seien, noch einen Gang zu machen. So wie wir uns anfangs vom Antlitz aus an die Füße begaben, so müssen wir jetzt vom Hinterhaupt heruntersteigen zum behauenen Stein, von diesem herüberschreiten auf die Fußstapfen und von hier aus nicht nur die zurückgelegten, sondern auch die noch zu wandelnden überschauen. Hier übersehen wir nun alle Schwierigkeiten, die wir schon überwunden und noch zu überwinden haben. Vor uns liegt der kubische Stein, ein Bild des Körpers von den Hüften an bis zum Hals.

Diesen haben wir nun zu bezeichnen und sein Inneres zum Leben zu erwecken. Jetzt erst lernen wir die Abteilungen des Tempels in sieben Stufen erkennen. Wir betreten das mosaische Pflaster und begreifen auf einmal, dass wir Brüder aller Menschen ohne Rücksicht auf Farbe, Klima und religiöse Bekenntnisse sind. Vermittelst dieser großartigen Philosophie gewinnen wir den Schlüssel, die Pforte zwischen den beiden Säulen, auf welchen der Tempel, der Körper des Menschen, ruht, zu öffnen, Zirkel, Winkelmaß und Zollstab, die Wurzel des ewigen Wortes, zu fassen und den Geist der Natur zu erforschen. Die vokalisierenden neun Sterne leuchten uns, die konsonierenden Kräfte des flammenden Sternes führen uns, auf diese Art schließt sich uns die obere Tür von selber auf, durch welche wir nun ungehindert eintreten und vor dem Altar des innersten Heiligtumes auf dem vorderen Teil der Stirne den neuen Namen, das heißt, ein freies, von aller Lehre unabhängiges Wort Gottes empfangen.

Durch diesen kurzen Umriss haben wir die Wege gezeigt, die wir zu gehen haben; nun wollen wir sehen, mit welchen Hilfsmitteln wir sie durchwandeln und zum vorgesteckten Ziele gelangen können.

Wir stehen vor der Lehrlingssäule und suchen ihren Inhalt zu erforschen. Was enthält sie? Ist die erste notwendige Frage. Das Lehrlingswort, die Vokale, ist die natürliche Antwort.

Wie werden solche gesprochen? Wie man gelehrt wurde. Sage mir den ersten Buchstaben, dann will ich den zweiten sagen.

Wer soll den ersten Buchstaben sagen? Der Lehrer, der Meister, der Geist, Gott!

Wo ist dieser Geist? Im flüchtigen Wesen des Raumes.

Wie, dieser Geist wäre der Meister, der uns den ersten Buchstaben sagen soll? Er ist es und kein anderer.

Wie ist das möglich, da er weder Körper- noch Sprachorgane hat? Durch unsere Nase muss er diesen ersten Buchstaben uns einhauchen, dann können wir, indem wir den Atem wieder nach außen senden, den zweiten sagen oder heraushauchen. Nehmen und wiedergeben, ein- und ausatmen ist die Tätigkeit der Lunge, des Herzens, aller Organe und des Lebens überhaupt. Gott gibt uns, wenn wir das Einatmen dem Zufall entziehen und sprachgemäß regeln, das **I**, wir hauchen dasselbe als **A** zurück, erwecken durch diese Wechselwirkung das innere Leben, nähren es mit lebendiger göttlicher Nahrung und empfangen im buchstäblichen Sinne eine von Gott in unsere Nase gehauchte lebendige Seele.

Lebendig sind wir nun geworden durch die Kraft der Vokale. Wir fühlen sie durch Füße und Körper zum Haupt steigen; aber noch sind wir ihrer Strömungen nicht mächtig, insofern wir ihnen keinen Stillstand gebieten können; darum treten wir vor die Gesellensäule und fragen: was sie enthalte? Die Gesellensäule enthält die Konsonanten der Sprache. Die Konsonanten! Rufen wir aus. Ja, die Konsonanten, ist abermals die Antwort.

Wie spricht man diese? Man lernt durch Lippen, Zunge und Gaumen hauchen und stempelt auf diese Art das Wort Makbenak zum wahren Gesellenwort, indem solches Lippen, Zunge und Gaumen in Tätigkeit setzt und belebt.

Was gewinnen wir für die Seele durch die Konsonanten? Sie machen Einschnitte in die Strömungen der Vokale, wodurch sich das Leben individualisiert und deutlicher fühlen lernt.

Wie ist es aber möglich, durch Lippen, Zunge und Gaumen zu atmen? Möglich ist es, indem die geistige Luft alles durchdringt, wie schon Viele es getan und Jeder es vermag, der die Übung nicht scheut. Man mache die Probe, schließe die Lippen, suche durch dieselben ein deutliches **M** zu atmen, und man wird bald finden, dass sich das an den Lippen erregte Gefühl nach und nach durch die Haut über den Körper verbreiten und ihn fähig machen wird, überall Atem Gottes an sich zu ziehen. Wie das **M**, überhaupt alle Lippenbuchstaben, sich durch die Haut über den ganzen Körper verbreiten, so werden durch das N und die Zungenbuchstaben die Organes die im Inneren des Leibes hinter den Knochen liegen, und alle Eingeweide belebt und zur Sprache erhoben.

Die Gaumenbuchstaben wirken im hintersten Winkel eines jeden Dreiecks und im Mittelpunkt, nicht nur des Leibes überhaupt, sondern jedes Organes innen und außen. Aus diese beschriebene Weise ist dem Suchenden die lebendige Seele eingehaucht von der Höhe bis zur Tiefe, von der Tiefe bis zur Höhe, von vorne nach hinten, von hinten nach vorne und endlich von einer Seite zur anderen. Nun tritt er als Meister in die Mitte hinter den kubischen Stein, sammelt dort die Materialien, die er aus den zwei Säulen gezogen, verbindet Vokale und Konsonanten zu Worten, zuerst als Kraft, nachher als Begriffsbezeichnung, als Weisheit und Lehre und endlich zur Schilderung des Reichtums und der Schönheit der Natur und der edleren Gefühle des Menschen.

Auch bei der zweiten und dritten Tätigkeit ist der Hauch Gottes wesentlich und notwendig, indem wir hier statt Buchstaben Worte und Sätze einatmen und dadurch die von Gott belebte Seele zur Freiheit einer Erkenntnis bringen, wo wir auf die eingehauchte Frage die Antwort Gottes empfinden und vernehmen. Hehr und erhaben ist dieser Standpunkt, und wem es gelungen, sich darauf zu schwingen, kann sich kaum mehr vorstellen, wie es möglich sei, auf andere Weise zu leben.

Der Mensch unterwirft alles, was er genießt und tut, einer Auswahl, Nahrung, Kleidung, Wohnung, Gesellschaft und Bildung hat er dem Zufall entzogen und sich in die Klasse freier sich selbst veredelnder Wesen gestellt; soll er nun, da ihn die Natur zum Herrn seines Atems gemacht, hier nicht auch eine Auswahl treffen, und statt gewöhnlicher, mit Lebenskräften vermischte göttliche Luft einatmen? Nicht umsonst ist dem Menschen die Freiheit des Willens gegeben. Er muss solche benützen in allen Zweigen des Lebens, dadurch entzieht er sich dem Zufall des Tieres und geht ein in den Tempel göttlicher Erkenntnis und Weisheit.

Von der Sonne, die unser Antlitz vorstellt, sind wir hinuntergestiegen zu den Füßen, haben, wieder aufwärts steigend, den ganzen Leib vermittelst der Vokale belebt und mit einer lebendigen Seele durch den Hauch Gottes erfüllt. Nach diesem zogen wir mithilfe der Lippen, der Zunge und des Gaumens die Konsonanten aus der zweiten Säule, regelten durch dieselben die Strömungen der Vokale, stiegen vom behauenen Stein wieder aufwärts in die Kuppel des Tempels, ins Gehirn, und fühlten die Lebendigkeit unserer Seele jetzt schon in bestimmteren Umrissen. Seht erst konnten wir es wagen, uns hinter den kubischen Stein zu stellen, die Kraft und Weisheit durch die Zusammensetzung von Vokalen und Konsonanten zu erforschen und die Meisterschaft zu gewinnen.

Jetzt stehen wir da und sehen die Wunder der Schöpfung, doch nicht nur in ihrem äußeren Kleid nein, in ihrem Geiste und erkennen in jeder Form und Farbe, in jeder Bewegung und Haltung, in der Verschiedenheit der Stoffe und Verhältnisse aller Dinge zu einander des Schöpfers Wort und Plan, beginnen in diesem Zustande die Laufbahn zur Wahrheit, indem wir die Stufen ersteigen, durch Zirkel, Winkelmaß und Zollstab, zur freien göttlichen Sprache gelangen, mit der ewigen Vokalisation der neun Sterne uns nähern, und so durch die obere, der Weltweisheit, stets verschlossene Türe eingehen und den Triumphgesang der Ewigkeit anstimmen.

Vollendet sind wir nun, unveräußerlich, unzerstörbar, aus Gott uns nährend und in ihm uns freuend zur Urkraft gedrungen, wo wir unangefochten von äußeren Eindrücken, nur auf uns selber gestützt sind, und kein Bedürfnis mehr haben, als göttlich zu leben, göttlich zu lieben und göttlich glücklich zu sein.

Überblick

Wir haben uns vom Antlitz aus, vermittelst des Einhauchens der Vokale in die Nase, an die Füße begeben, sind von da rückwärts am Leib herausgestiegen zum Haupte und haben den Anfang eines neuen Lebens empfunden.

Wir halten uns abermals vom Antlitz aus, vermittelst des Einhauchens der Konsonanten durch Lippen, Zunge und Gaumen zu dem behauenen Stein an die Füße gemacht, sind von da hinaufgedrungen ins Haupt und haben gefunden, dass sich eine Tür zur göttlichen Erkenntnis öffnen lässt, welche die Wahrheiten des Lebens nach Gesetzen der Natur entwickelt.

Nach diesem können wir noch einmal vom Antlitz ausgehen, die verborgenen Gänge nicht nur von Nase und Mund, sondern auch von Auge und Ohr aus durchwandern und uns in die Fußstapfen hinter dem kubischen Stein, dem Sinnbild unseres Leibes, stellen, in demselben die reineren Vokale und Konsonanten untereinander mischen, Worte, Sätze und Urteile bilden, und vom Geiste der ewigen Weisheit angehaucht, standhaft hinaussteigen zum Tempel des Lebens, von wo aus man aus immer neuen Wegen und mit immer neuen Mitteln das Ganze zu untersuchen in den Stand gesetzt wird.

Wem diese Zeilen zu Gesichte kommen werden, der wird im ersten Augenblick meinen, es sei eine ganz neue Lehre, sobald man aber die intensive Geschichte der Freimaurerei, der Mysterien, der Religionen und besonders aber der christlichen Religion ins Auge fasst, so wird man finden, dass alle, hauptsächlich aber die christliche Religion auf den ausgesprochenen Grundsätzen beruht. — Die ersten Verse des Evangeliums Johannis können nur durch die angeführten Prinzipien gründlich erklärt werden. In den Evangelien sagt Christus: *Ich bin im Vater und der Vater in mir. — Wenn ich dir die Füße wasche, wird dein ganzer Leib rein. — Mein Fleisch und Blut ist keine Stütze, die Worte aber, so von mir ausgehen, sind Geist und Leben.*

So Ihr nicht werdet wie dieser Kindlein eines, das heißt, wenn Ihr Euch nicht entschließen könnet, in die ABC-Schule zu gehen, könnet Ihr nicht in das Himmelreich kommen. Das Einhauchen einer lebendigen Seele in der Schöpfungsgeschichte spricht ganz für die Lehre des Tapis. Auch finden wir im 2. Buch Mosis, Kapitel 24, Vers 10 und 11, die ersten unverkennbaren Merkmale des Gebrauches eines Tapis wo es, als Moses mit den Ältesten auf den Berg gestiegen war, heißt: *Und es lag vor ihnen ausgebreitet gleich einem Saphir, und als sie Gott geschaut, aßen und tranken sie.*

Wenn wir das Buch der Weisheit, die Sprüche Salomons, die Psalmen Davids, die Propheten und endlich die Lehren Christi und die Schriften seiner Apostel durchgehen, so gewinnen wir die Überzeugung, dass die christliche Religion an keine Spezialität, an keine Persönlichkeit an keine Himmelskörper, seien sie noch so vollkommen, sondern allein an die Kraft und Weisheit des im Raume fließenden Geistes hinweist und uns lehrt und gebietet, in ihm das Leben zu suchen und uns reif zu machen für das Himmelreich.

Wir sind am Ziel. Zeit und Ewigkeit liegen geschieden vor uns; wir haben nur zu wählen, auf welchen Wegen wir wandeln wollen. Wer nur der Zeit lebt, soll sich nicht beklagen, wenn ihm der Untergang droht; wer sich aber der Ewigkeit im lebendigen Worte übergibt, der gewinnt die Aussicht in die Unendlichkeit, und wird, von ihrem Anblick begeistert, mit frohem Mute die Wanderschaft fortsetzen und sich schon im Voraus für seine Treue belohnt fühlen.

3. Teil – Instruktion zur Erlernung der königlichen Kunst

1. Man streckt den Zeigefinger in die Höhe, als wenn man Stillschweigen gebieten wollte, und übt dieses solange, bis man darin den Buchstaben **I** sieht und empfindet. (Mit diesem Zeichen sollte bei Lehrlingsarbeiten das Wort verlangt werden.)

2. Hat man auf diese Art den ersten Buchstaben, das **I**, empfunden, bildet man mit dem Daumen und Zeigefinger das Winkelmaß und fährt damit so lange fort, bis man in diesem Zeichen den Buchstaben A sieht und empfindet.

3. Ist man der Sache gewiss, sodass sich **I** und **A** in dem besagten Zeichen deutlich wahrnehmen lassen und fühlen, so legt man sie an den Hals, um sie dem ganzen Körper mitzuteilen.

4. Wenn man hierin einige Sicherheit und Fertigkeit erlangt hat, bildet man mit dem Daumen und Zeigefinger einen Bogen. Man kann auch die übrigen Finger biegen, aber nicht schließen und keine Faust machen. In diesem Zeichen wird nach kurzer Übung das **O** sich deutlich fühlen lassen.

5. Dieses Zeichen löst man in ein Winkelmaß auf. Auf diese Art verbindet sich das **A** mit **O**, wie oben mit **I**; das Erste heißt **IA**, das zweite **OA**.

6. Dieses **OA** als Zeichen wird mit etwas gebogener Hand, um das **O** fühlbar zu machen, auf den Leib gelegt, um es gleichsam über und durch den ganzen Körper zu verbreiten.

7. Mit dieser Übung ist der Schlüssel zum Tempel gewonnen; wir sind des Grundwortes **IOA**, das bei allen Mysterien als die Wurzel des Wortes Gottes erkannt wurde, mächtig, und können, wenn es uns Ernst ist, zur Weisheit zu kommen, sicheren Schrittes zu ihrem Heiligtum wandeln.

8. Die anderen Vokale sind dem Gefühle und dem Auge nicht so klar. Mit Übung lassen sie sich mit Völliger Deutlichkeit gewinnen. Dem Anfänger

wird das **E** deutlich, wenn er das Gelenk des Daumensingers über das vorderste Gelenk des Zeigefingers legt und ein kleines Kreuzchen bildet. Andere fühlen es als zwei Striche nebeneinander, auch als spitzigen Obelisk; den Griechen war es der Merkurstab. Die Naturform ist diese

9. Das **AE**, welches dem **A** sich nähert, fühlt man in einem spitzigen Man kann es mit dem Daumen und Zeigefinger bilden. Die anderen Finger geben diese Form von selbst, wenn man sie voneinander trennt.

10. **U** drückt sich durch die zur Faust geballte Hand aus.

11. **UI** sieht und fühlt sich als ein dicker Strich. Der Daumen ist das natürliche **UI**.

12. **OE** ist ein Oval. Im kleinen drückt es sich durch einen Zirkelbogen, in dessen Mitte ein Punkt ist, aus.

13. Zwischen **A** und **O** bildet sich noch ein Vokal, den man in gewöhnlicher Schreibart nicht anders als **AO** bezeichnen kann, die Natur bezeichnet ihn in dieser Form:

oder auch durch? einen Halbzirkel.

14. Alle diese Formen lassen sich nicht nur durch Hand und Finger und Gebärden, sondern auch durch äußere Mittel, durch Stäbe, geschnittene Formen, durch Strich und Zeichen auf Papier und Schreibtafeln in Wirksamkeit setzen, und es ist für alle Verhältnisse eine Skala von 9 Vokalen vorhanden, die auf dem Lehrlingstapis als 9 Sterne glänzen.

15. Diese 9 Sterne haben als Zeichen der Wahrheit die Quadraturzahl $3 \cdot 3 = 9$.

I	E	AE	i	e	ä
UI	OE	AO	ü	ö	ao
U	O	A	u	o	a

16. Wenn die gehörige Fertigkeit im Gebrauche der Vokale errungen ist, geht man zu den Konsonanten über.

17. Die Konsonanten unterscheiden sich auf viererlei Art: als Lippen-, Zungen-, Gaumen- und Zahnlaute.

18. Jede dieser Unterscheidungen hat 4 Buchstaben, die sich so klar aussprechen, dass sie das Gepräge der Unfehlbarkeit an sich tragen, und nie verwechselt werden könnem —

19. Die Lippen haben 4 Buchstaben: **B M R W**. Das Lippen-R, ungeachtet es im gewöhnlichen Alphabet kein Zeichen hat, ist ein wesentlicher Buchstabe und wird an vielen Orten, hauptsächlich aber von Fuhrleuten gebraucht. (Brrr!)

20. Zungenbuchstaben sind gleichfalls 4: **D N R C**.

21. Im Gaumen unterscheiden sich ebenfalls 4 Konsonanten: **G NG R CH**. (**NG** ist ein selbstständiger Laut, besonders im Französischen; im Deutschen aber in den Worten: Engel, eng, singen, Rang, usw.) Das Gaumen-R ist in vielen Gegenden einheimisch; das **Eh** in den Worten: *Ich*, *dich*, *Strich*, *bleich*, *weichen*, und vielen anderen, behauptet in allen Sprachen und Gegenden seine Selbstständigkeit.

22. Die Zähne haben keinen eigenen Laut, sondern geben durch Hilfe der Lippen und Zunge Veranlassung zu 4 wesentlichen Buchstaben: **F V S Sch**. (**F** und **V** unterscheiden sich, indem bei ersterem die Unterlippe die oberen Zähne, bei **V** aber die Oberlippe die unteren Zähne berührt. In der Aussprache nach außen ist kein Unterschied zu bemerken, in geistiger Übung ist der Unterschied wesentlich.)

23. Auf diese Art ist eine Skala von 16 Konsonanten zur Übung gegeben, die keine Vermehrung mehr zulässt.

24. Diese 16 Sprachkräfte haben als Zeichen der Wahrheit die Quadraturzahl 4, und 4 x 4 = 16.

Lippe:	**B M R W**
Zunge:	**D N R L**
Zähne:	**F V S Sch**
Gaumen:	**G NG R Ch**

25. Der Leib des Menschen ist ein Rohr, den der Lebensgeist gemacht, eine Zeit lang darauf zu spielen. Auch die Konsonanten lassen sich hören, fühlen und sehen.

26. In Hinsicht des Hörens und Fühlens ist die Übung keiner Schwierigkeit unterworfen, weil wir sie im gewöhnlichen Gebrauch hören und indessen wir sprechen ihre eigentümliche Tätigkeit fühlen. Dem Auge sie sichtbar zu machen ist schwer.

27. Die Bogenlinie eines Zirkels oder auch nur eines Teils desselben gibt sich dem Gefühlsauge als Lippe kund und offenbart die Buchstaben derselben; 2 Bogenlinien eines Teils des Zirkels auf einander gehalten sieht sich als M; denkt man sie ineinander schlagend, so ist es **B**. Aus diesem Grunde haben alle Mythologien und Mysterien **B D** und **G** als drei verschiedene Hammer bezeichnet.

In erschütternder Bewegung entsteht das **R**; in ruhiger nach vorne etwas geöffneter Haltung fühlt sich **W**.

Die zweite krumme Linie eines Teils des Zirkels wirkt als Zunge (siehe Fig. a in 29.) Die Tätigkeit ist dieselbe wie bei den Lippen. (Die Zungen- und Lippenbuchstaben sind bloß durch die Lage ihrer Organe Verschieden.

Aber keiner kann mit der Zunge ein **M** und keiner mit der Lippe ein **N** oder **D** aussprechen.)

29. Im Winkel des

bildet sich der Gaumen und in ihm das **G**, mit den anderen Lauten

30. **B D G** sind dieselben Buchstaben und nur durch die Lage verschieden und ebenso **M N Ng**. — **R R R** — Lippen-R, Zungen-R und Gaumen-R.

In gleichem Verhältnis stehen **W B** und **Ch**.

31. Stelle man in diese Figur zwischen den ersten und zweiten Bogen eine Reihe spitziger Zähne, so werden sich deutlich die Zahnlaute fühlen lassen.

32. Auf diese Weise ist die Bahn gezeigt, die Konsonanten auch dem Auge, als in der Natur begründet und unter unveränderlichen Formen darzustellen.

33. Um sich eine Vorstellung von dem Umfang dieser Naturkräfte zu machen, bilde man einen Zirkelkreis. Der äußere ist M, Lippe. Die Zacken zwischen beiden Kreisen die Zähne; der innere Kreis die Zunge; der Punkt aber der Gaumen, und man teile diesen Kreis in 3, 4, 6 und mehreren Abteilungen, so findet sich auch in den Teilen dieselbe Wirkung.

34. Das äußerste Ende oder die Oberfläche eines Weltkörpers ist Lippe, innen Zunge, im Mittelpunkte Gaumen.

35. Das äußerste Ende der Schöpfung ist Lippe, uns näher Zunge; wir sind der Mittelpunkt, der Gaumen.

36. Da, wohin sich unsere Gedanken wenden, bildet sich zuerst Lippe, dann Zähne, Zunge, wir sind ebenfalls der Mittelpunkt. Durch die Freiheit der Gedanken sind wir an keinen Raum und keine Entfernung gebunden, und können durch die genannte Tätigkeit uns mit der ganzen Schöpfung in Berührung setzen. Überall ist für uns Leben und wenn wir gehörig eingeübt sind, das lebendige Wort.

37. Das Winkelmaß, mit der Hand gebildet, hat Lippen Zunge und Gaumen, die Nägel an den Fingern sind die Zähne.

38. Dieses Zeichen mit der Hand auf andere Körper gelegt, lässt sich in der gegebenen Form leidlich fühlen. Wenn wir bloß denken und in der Vorstellung empfinden lernen, wirkt sie ebenso sicher und oft noch stärker.

39. Auf diese Art verbinden sich Zeichen, Griff und Wort zu einer Tätigkeit und die Aufgabe, die uns bei der Aufnahme und Beförderung gemacht wird, ist erfüllt.

40. Im Munde sind die 4 Bedingungen der Konsonanten sinnlich dargestellt. Da aber alle Organe des menschlichen Körpers die Sprache in sich haben, so müssen sie auch Lippe, Zähne, Zunge und Gaumen besitzen.

41. Um richtig zu verfahren, wollen wir die Organe ihrer sinnlichen Reihenfolge nach betrachten.

42. Nach dem Munde kommt das Auge, das jene vier Eigenschaften: Lippen, Zähne, Zunge und Gaumen noch ziemlich klar besitzt. Die Augenlider sind die Lippen, die Strahlen, die an ihnen sich brechen, die Zähne, das Auge selbst die Zunge und da, wo es sich mit dem Gehirn verbindet, der Gaumen.

43. Die Nase, die sich nicht schließt! Und deshalb sich zu einer Lippe zu bilden unfähig ist, hat die Lippenbuchstaben in der Luft, gleichsam im Äther. Ebenso die Zunge. Der Gaumen aber ist da, wo die Nase sich mit dem Gaumen des Mundes Vereinigt. Die Zähne sind rein ätherisch

44. Die Ohren beinahe wie die Nase.

45. Nun geht es an die unteren Organe des Leibes. Wer aber einige Fertigkeit errungen, wird hier die Wirksamkeit leicht empfinden.

46. Das Grübchen über der Brust, unten am Hals, hat die Haut ohne Öffnung zur Lippe. Die Knochen sind die Zähne, innen ist die Zunge und des Rückenmarks Höhle ist der Gaumen.

47. Der Hals zieht um sich ein Gewölbe, wie ein altdeutscher Kragen als Lippe. Die Haut ist Zunge, innen der Gaumen; die Zähne sind teils ätherisch, teils von den Knochen gegeben.

48. Die Herzgrube ist wie das Grübchen am Halse.

49. Der Nabel ist ein wichtiger und vermöge seines kleinen Umfangs sehr bewegliches Organ. Die Lippe ist ätherisch, er selbst die Zunge. Der Gaumen hängt mit den Eingeweiden zusammen und dringt mit seinen Buchstaben durch den ganzen Leib. Die Zähne sind gleichfalls ätherisch. Die Sprache des Nabels ist kräftig und schnell wie der Blitz.

50. Hüfte, Kniee, Knöchel am Fuße und Arme haben sichere und stärkende Tätigkeit in allen 4 Abteilungen.

51. Die Fersen sind reich an Lebenshauch und verbinden sich leicht mit allen oberen Organen.

52. Die Zehen besitzen am vorderen Ballen das **M**, nach innen das **N**, gegen den vorderen Knöchel hin **G**.

53. Ebenso verhält es sich mit den Fingern, nur sind diese noch klarer und wirksamer.

54. Die Hand, besonders die innere Fläche, ist reich an Leben. Sie äußert sich aber meistens als G oder Gaumen; die Lippen, Zähne und Zunge sind teils ätherisch oder nehmen solche von den Fingern.

55. Aus dem Gehirn ist reiches Sprachleben, und alle Organe sondern sich durch Lippe, Zähne, Zunge und Gaumen deutlich voneinander ab.

56. Durch das Auflegen eines Fingers oder einer Hand sei es, wohin es wolle, bildet sich ein Mund mit Lippe, Zähne, Zunge und Gaumen.

57. Nicht nur durch die Hand, sondern durch Auflegen eines jeden Teiles des Körpers entsteht diese Mundtätigkeit.

58. Selbst das Berühren lebloser Gegenstände hebt die Wirkung nicht auf, im Gegenteil, es vermehrt sich durch die eigentümliche Beschaffenheit jedes Gegenstandes.

59. Aus dieser Mundbildung durch Auslegung gehen die geistigen Heilungen örtlicher Übel, oft schwerer Krankheiten hervor. Wer es übt, kann die Probe, wenn auch nur bei kleinen Übeln, wenigstens an sich selbst machen.

60. Die Töne der Musik bilden durch ihre Vibrationen bestimmte Linien. Die Vibration der Vokale ist an bestimmte Gesetze gebunden, wenn sich die Vibration durch Konsonanten unterbricht und mit jener sich vereinigt, entsteht ein Reichtum von Wirkungen, der gar nicht zu zählen ist.

61. Die sichtbaren Organe haben wir betrachtet; wer wird die unsichtbaren, die bloß durch unser Gedankenvermögen, durch Kraft der Vorstellung in Tätigkeit zu bringen sind, alle nennen?

Das kleinste Teilchen des Körpers kann, wenn wir unsere Gedanken daraus lenken, zum Sprachorgan werden.

62. Wohin der geistig erweckte Mensch eine Frage stellt, erhält er Antwort. Auf jede Frage hin bildet sich ein geistiger Mund, der die Antwort gibt.

63. Die Entfernung kommt hier gar nicht in Betracht. Sei der Punkt, den unser Gedanke mit seiner Frage berührt, auch Myriaden Meilen oder nur einen Zoll weit entfernt, die Resultate, sind immer dieselben.

64. Die Luft, das Wasser, der Äther, die Erde, der Himmel, die Tiefe, alles ist voll vom Munde Gottes und darum ist der Freimaurer an keinen Raum und keine Zeit gebunden.

65. Durch Zeichen, Griff und Wort ist dem Menschen alles gegeben, darum preise sich jeder, der Maurer geworden ist, glücklich; ohne Zeichen, Griff und Wort ist keine geistige Tätigkeit möglich, und alle, die außer dem Kreise sich weise dünken, sind Strohhalme anstatt Säulen am Tempel der Menschheit.

66. Bis jetzt haben wir den Gaumen im Mittelpunkt unseres Ichs, unserer Gestalt, empfunden. Wir waren die Stelle, von der aus wir gingen, und haben mit Lippe und Zunge, mit **M** und **N** die Schöpfung umkreist und sind dann wieder vom größten bis zum kleinsten Kreis heruntergestiegen und haben den Geist der Schöpfung erkannt. Aber noch höher vermag der Mensch sich zu schwingen; er kann von sich als Gaumen ausgehen und ihn in die Unendlichkeit setzen und Zunge und Lippen in beliebigen Kreisen ziehen.

67. Er ist fähig, von da an, wo er mit Lippe und Zunge eine Grenze gezogen, noch weiter zu gehen, und in derselben Entfernung, in welcher er zu den Kreisen steht, die Tätigkeit umkehren, und am entgegengesetzten Ende einen Gaumen, ein Ich zu bilden und so aus der grenzenlosen Entfernung Lehre und Antwort des Wortes zu vernehmen.

68. Der Mensch ist fähig, sich Zeichen zu denken, sich vorzustellen und in jeder Richtung und Entfernung Winkel des △ zu sehen. Auf diese Art belebt sich ihm die Natur, als wäre er von Genien umgeben.

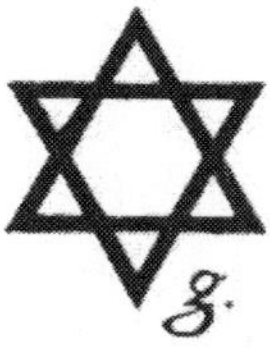

69. Aus obiger Tätigkeit sind unzählige Irrtümer, sowohl in den Hallen der Weisheitslehre als auch bei religiösen Übungen entstanden, weil man sich leicht daran gewöhnte, oft aus Kurzsichtigkeit lehrte, als wären solche Erscheinungen außer uns, aus besonderer Gunst vom Himmel gesandt.

70. Einer der wichtigsten Buchstaben, wodurch die anderen erst ihre höchste Wirksamkeit erreichen, ist das **H**. Es ist die ein- und aushauchende Kraft, gleichsam die Ebbe und Flut des Lebens.

71. Wenn das Gewordene zu hauchen beginnt, beginnt es zu leben. Mit dem Hauch entwickeln sich Sinne, Gefühle und beim Menschen das Wort.

72. Und Er blies ihm den lebendigen Atem ein, heißt es in der Schöpfungsgeschichte, und der Mensch ward eine lebendige Seele.

73. Der Mensch atmet ein: Körperliches und Geistiges; mit dem Einatmen der Lust folgt notwendig in entgegengesetzter Richtung ein Einatmen eines anderen Stoffes, weil, indem die Luft in den Körper dringt, das Ausstoßen einer anderen Luft bedingt ist, hingegen durch das von sich Stoßen des Atems etwas Anderes eingesogen wird.

74. Das Atmen des gewöhnlichen Menschen ist scheinbar ein immerwährendes Einsaugen der Lust, sowohl durch die Nase, als alle Poren des Leibes, um das Gute bei sich zu behalten und das Mindergut von sich zu stoßen. Wenn auch ein entgegengesetztes Einströmen stattfindet, so weiß man es nicht und ist daher ein Spiel des Zufalls. Der vollkommene Mensch muss wissen, was er tut, und wie und wo er atmet.

75. Das Atmen ist eine Art Ebbe und Flut, wo bei der Füllung auf einer Seite die andere sich ausleert, bei der Ausleerung der anderen die entgegengesetzte sich stillt; da aber vermöge der verschiedenen Kanäle und Öffnungen des Leibes die eingesogene Luft sehr verschieden ist, so muss es der Mensch in seine Gewalt zu bekommen suchen, die reinste Lust, den himmlischen, göttlichen Äther in sich einzusaugen.

76. Auf obigem Grundsatz ruht die Möglichkeit, geistige Einflüsse in uns auszunehmen und wieder von uns zu stoßen.

71. Die Anwendung eines solchen Ein- und Ausatmens ist einigen Schwierigkeiten unterworfen, weil die meisten Organe unseres Leibes nicht mehr geschickt sind, diese Tätigkeit auszuüben und wenn es auch geschieht, wir es nicht merken.

78. Das gewöhnliche Einziehen des Atems geschieht durch die Nase, manchmal auch durch den Mund, das entgegengesetzte, durch Organe, die wir bedecken (Schamteile). Durch Übung erlangt man andere Gegensätze, zum Beispiel durch Nase und Nabel, durch Nase und Herzgrübchen oder das Grübchen am Halse. Später gewinnt man die Geschicklichkeit, der Nase entgegen durch die Zehen, Fersen, Knöchel, Knie, Schenkel, Hüfte, durch das Kreuz, durch Nieren, Lunge und Leber, vom Hinterteil des Halses und zuletzt durch das Gehirn mit Unterscheidung aller Organe derselben zu atmen.

79. Das erste Einziehen des Atems kann auch durch Augen, Ohren und andere Organe geschehen und diesen ein entgegengesetzter Punkt gegeben werden.

80. Nicht nur alle Vokale, sondern auch alle Konsonanten lassen sich einatmen.

81. Mancher geht sicherer, wenn er an die zu übenden Vokale Konsonanten setzt, weil durch den Schlag oder die Ziehkraft des letzteren das Gefühl es deutlicher wahrnimmt.

82. Durch Berührung oder den Griff lässt sich der entgegengesetzte Einatmungskanal bezeichnen und beleben.

83. Wer es fassen kann, der fasse es. Wer anfangs auch nur Weniges versteht, der lasse sich die Mühe nicht reuen und in kurzer Zeit wird er sich reich belohnt fühlen.

F	I	B	U	B	A	H
I	U	R	D	M	E	C
D	A	B	M	R	A	R
H	L	C	A	A	E	C
Z	I	E	H	L	H	D
D	G	B	F	I	C	A
B	A	C	B	H	R	A

4. Teil. – Entwurf für die Arbeiten eines Engbundes

Sobald die Brüder eines Engbundes sich in dem für ihre Zwecke bestimmten Lokale versammelt haben, nimmt der Meister vom Stuhl oder derjenige Bruder, welcher dem Engbunde vorsteht, das Wort und eröffnet die Arbeiten ungefähr auf folgende Weise:

Meine geliebten Brüder. Man sagt von der Freimaurerei, sie enthalte für jeden das, was er selbst hineinlege. Die Freimaurerei ist so reich an Lehrquellen, dass schon mancher das in ihr gefunden, was er gesucht, sogar selbst hineingelegt hat. Aus diesem Grund war man sehr häufig versucht, zu glauben, man habe sich selbst eine Freimaurerei gemacht, und könne im Notfalle, so oft man in Verlegenheit komme, derselben immer neue und andere Zwecke unterlegen. Bei späterer Untersuchung zeigte es sich jedoch, dass man nur dann findet, wenn man in der Freimaurerei Enthaltenes sucht, und dass sie sich keine Zweige einpfropfen lässt, die nicht zum natürlichen Stamme taugen. Eine Zergliederung der Hauptsymbole würde diese Behauptung rechtfertigen.

Ehe wir jedoch zu solcher Zergliederung schreiten, wollen wir das Ritual ins Auge fassen und sehen, aus welchen Punkten uns für unsere Aufgabe die sicherste Aufklärung fließen könne.

Die Rituale aller 3 Grade bestehen aus 3 Hauptteilen, wovon die erste die Vorbereitung außer dem Tempel die zweite die Prüfung durch Hindernisse und Reisen im Tempel, die dritte aber, nachdem die Binde vom Auge genommen, den Unterricht, sich als Freimaurer auszuweisen, in sich schließt. Über den ersten und zweiten Teil, die bloße Ergebnisse und Erscheinungen auf dem Wege zur Wahrheit sind, kann erst, wenn die Sache praktisch errungen ist, mit einiger Gründlichkeit gesprochen werden, und daher hat sich der Engbund hauptsächlich mit dem dritten, dem belehrenden Teil, zu befassen.

Der Unterricht beginnt beim Eintritt in den Orden mit Hinweisung auf die drei großen Lichter. Für den Lehrling mag dieses allerdings zweckmäßig sein, insofern man ihm manches noch nicht enthüllen kann oder darf. Der Engbund aber muss mit der Loge, d. h. mit den in ihr aufgestellten Symbolen, den Säulen und dem Altar, den Unterricht beginnen, welcher folgendermaßen lauten kann:

1. Sie sehen im Westen der Loge zwei Säulen, die eine mit dem Vokale **J**, die andere mit dem Konsonanten **B** bezeichnet. Wenn Sie die Geschichte

Israels in Ihr Gedächtnis rufen, so werden Sie diese zwei Säulen im salomonischen Tempel vor dem Eingange in das Allerheiligste finden. Dieser Tempel wurde nach dem Plan der Stiftshütte, die Moses beim Auszug aus Ägypten errichtet, in vergrößertem Maßstabe mit gediegenen Quadersteinen gebaut und innen mit Gold und allen erdenklichen Kostbarkeiten nach dem vorhandenen Muster geziert. Diese Säulen, nebst dem Altar, der das Allerheiligste vorstellt, bestanden demnach zu Moses Zeiten schon. Gehen wir in der Geschichte Israels weiter zurück, so erfahren wir, dass Noah schon vor der Sündflut zwei Säulen verfertigte, um auf denselben auch den kommenden Geschlechtern die Lehre des Wortes Gottes zu überliefern. Noah hatte diese Lehre von den Erzvätern ererbt, daher wir genötigt sind, sie als aus dem Paradies stammend zu betrachten, und die Urtypen der Natur und der Stimme Gottes dahinter zu suchen.

Die Freimaurerei beginnt auf diese Weise mit dem Menschengeschlecht, indem sie uns auf einen primitiven Zustand aufmerksam macht, wo der Mensch durch Eingebung des Geistes oder des Wortes Gottes seine Würde erkannte und sich seiner Bestimmung bewusst war.

2. Auf dem Altar sehen Sie Zirkel, Winkelmaß und Bibel. Wenn wir die Formen der Buchstaben in der Natur, im Wesen Gottes und unseres Geistes begründet annehmen müssen, so können sich diese drei Lichter auf nichts anderes als die christliche Religion beziehen. Ich bin das **A** und **O**, das Erste und Letzte, sagt Christus von sich selbst. Da die Fläche des Winkelmaß im **A**, der Zirkelkreis aber der Natur nach im **O** ist, so heißt es, wenn Christus sagt: »Ich bin das **A** und das **O**«, nichts anderes, als: »Ich bin Winkelmaß und Zirkel, bin der Baumeister der Welt.« Viele wollen zwar behaupten, als habe Christus dieses nur gleichnisweise gesagt, indem **A** der erste und **O** der letzte Buchstabe des griechischen Alphabets sei.

Da nicht anzunehmen ist, dass Christus ein so kleinliches Gleichnis habe aussprechen wollen, so liegt gerade darin, dass er Buchstaben genommen hat dazu, die Wichtigkeit seines Ausspruchs, indem er dadurch offenbart, er sei nicht nur der erste, sondern auch der letzte Buchstabe, folglich das ganze Alphabet; Christus, wenn er von sich spricht, personifiziert sich zwar, ist aber dessen ungeachtet auch die Bibel, insofern das alte und neue Testament immer von ihm handelt, in seinem Geiste sich offenbaren und ihn zum wesentlichen Inhalt machen. Man könnte daher ebenso wohl sagen: Zirkel, Winkelmaß und Christus, als man sagt: Zirkel, Winkelmaß und Bibel. Solcher Ausdruck aber darf in der Loge nicht gebraucht werden, um keine Veranlassung zu religiösen Dissertationen zu geben. Der Engbund muss jedoch die Sache ohne Rücksicht ins Auge fassen, um sich in den Stand zu setzen, über die Symbolik seiner Anstalt gründlich Rede und Antwort zu geben.

Säule und Altar als Anfänge der alttestamentarischen — und Zirkel, Winkelmaß und Bibel als Schluss der in der Bibel niedergelegten Offenbarungen bilden die Grenzpunkte des Inhaltes unserer Anstalt, und auf diese Art haben wir eine Norm, unsere Forschungen zu regeln und aus den anderen Symbolen den Geist der Geschichte und ihrer Lehre zu entziffern.

3. Hinter ihnen stehen in der Loge 3 andere Lichter, welche Sonne, Mond und Meister vom Stuhl vorstellen und die drei kleineren genannt werden. Kein Unbefangener wird hier die Andeutung auf die Lehre des Mithras verkennen, um so weniger, da er im Orient der Loge die Sonne, im Westen den Mond und an der Decke den Sternenhimmel steht. Mithras lehrt: »In der Sonne befinde sich die Zeugungskraft alles Gewordenen vom Grashalm an bis zum mit göttlicher Weisheit begabten Menschen.

Ihm ist die Sonne die Gottheit, die den Wurm wie den Menschen erschaffen, die das Planetensystem beherrscht und ihr Licht ausgießt auf das Sandkorn, wie in die Seele des Weisen. Sie ist der Lichtwall, um welchen sich die Ausstrahlungen der Planeten sammeln und eine Lichtkugel bilden, die, indem sie zeugend auf ihre Umgebungen wirkt, wieder alles Verarbeitete an sich zieht und dadurch in sich selbst besteht. Sie ist nicht Symbol, sondern Wesen. Der Mond aber repräsentiert den Widerschein alles Astrallichtes, die aus Bergen und Seen, Flüssen, Meeren, Pflanzen und Steinen, selbst von allen Formen, Farben und Eigenschaften der Tiere zurück zur Sonne kehren und so ihren Tribut entrichten. Mithras oder der Meister vom Stuhl sendet die Strahlen des Verstandes, der Vernunft und göttlichen Weisheit, strahlt Liebe, Glaube und Hoffnung und alle Tugenden, deren der Mensch fähig ist, zurück zum lebendigen Ursprung des Innern der Sonne und macht sich dadurch würdig, selbst ein Licht zu werden, das Strahlen von sich sendet, von deren Widerschein er sich nähren und zur Selbstständigkeit eines ewigen Lebens gelangen kann. Freilich dürfen wir nach dieser Ansicht die Sonne nicht als ein Feuer, das von einer Art Holzstoß von Innen heraus unterhalten wird, betrachten; nein, nach Mithras ist sie nichts als Licht und im Mittelpunkt noch viel reiner und klarer als außen.

Im Mittelpunkt herrschen der Gedanke, die Freiheit, das Leben und das göttliche Wort. Diese stoßen das Gröbere von sich und bilden daraus Schöpfungswerke und Geschöpfe, die ihnen das Empfangene wieder zurücksenden. Groß und erhaben ist diese Lehre und würdig, in einem Tempel bearbeitet zu werden, worin sich reine Erkenntnis entfalten und die Grundsätze der reinsten Philosophie verwirklichen sollen. Viele werden zwar sagen, eine solche Ansicht sei der Unendlichkeit Gottes unwürdig, indem sie ihn und unser Planetensystem einschränke. Wahr ist es, wenn Gott hier seine Grenze hätte, wäre er nicht unendlich; wenn wir aber bedenken, dass unsere Sonne nur wieder eine Art von Planet für eine noch größere Sonne, diese wieder eine Art für eine abermals größere Sonne und so fort in alle Ewigkeiten des Raumes ist, so gewinnen wir eine Aussicht, wovor dem menschlichen Geiste schwindelt, und wir uns glücklich preisen müssen, die Gottheit uns so nahe gerückt zu wissen, wo wir sie sehen, fühlen und hören können und sogar durch unsere Sinne zu Dank und Liebe aufgefordert werden. Diese Lehre steht in der Mitte des primitiven Zustandes und der christlichen Religion und bekräftigt die Weisheit des Altertums, indessen sie über die Epoche Johannis klares Licht verbreitet und die Möglichkeit einer göttlichen Naturreligion bestätigt.

4. Der Tempel der Freimaurerei ruht auf 3 Pfeilern: Schönheit, Weisheit, Stärke. In den älteren Zeiten vermisst man den Pfeiler der Schönheit. Indien, Israel, Ägypten und andere Völker sprachen deutlich von der Weisheit und Stärke des göttlichen Wortes; die Schönheit aber wurde erst in den Eleusinien als eine im Wesen Gottes gegründete Eigenschaft erkannt und in ihre Arbeiten aufgenommen; daher und nur daher ist es zu erklären, warum die Kunstproduktionen der Griechen einen Grad von Vollkommenheit erreicht, die wir bei keiner Nation, zu keiner Zeit, bei keiner anderen Lehre, sogar in unseren Zeiten nicht treffen. Schönheit, Weisheit, Stärke umfasst alles, was wir von der Erhabenheit Gottes und seines Wortes zu denken imstande sind; ja Gott ist selbst unfähig, etwas zu erschaffen, worin nicht Stärke Schönheit oder Weisheit, ja worin nicht alle 3 im verhältnismäßigen Grade enthalten wären. Und darum Dank unseren Vorfahren, jenen tätigen Arbeitern, die unseren Tempel durch diese herrlichen Pfeiler noch mehr befestigt und der Menschheit zugänglich gemacht.

5. Ein wichtiges, in unserer Zeit aber nur dem Zufall oder einer willkürlichen Übereinkunft zugeschriebenes Symbol ist die Kunst, sich als Freimaurer zu erkennen zu geben. Um sich auch außer der Loge, spricht das Ritual, als Freimaurer ausweisen zu können, ist man von Alters her über bestimmte Merkmale übereingekommen, welche aus Zeichen, Griff und Wort bestehen. Schon mancher hat sich selbst gefragt, ob es wohl hinlänglich sei, sich durch mechanische Formen als Weiser oder Künstler ausweisen zu wollen. Mancher hat sich schon gesagt, dass der Pinsel nicht den Maler, die Flöte nicht den Musiker ausmache und ahnet oft hinter Zeichen, Griff und Wort einen tiefen Sinn. Bei den älteren Religionen und Mysterien finden wir oft Zeichen durch Hände, Arme, Stäbe usw. mit Segenssprüchen begleitet und mit Worten. Die Berührung (Griff) durch Auslegung von Händen oder äußerlichen Werkzeugen, durch Drücken und Reiben sind bei allen Nationen gebräuchlich, selbst Christus, seine Apostel und die ersten christlichen Lehrer heilten durch Zeichen, Berührung und Wort die Kranken. Bei allen diesen aber war es mehr eine Zugabe zur Bekräftigung ihrer Lehre, als die Lehre oder das Bekenntnis ihres Glaubens selbst; bei den Magiern aber scheint diese Art zu arbeiten das einzige Streben und die ausschließliche Norm zur Erkenntnis des göttlichen Geistes und seiner selbst zu gelangen, gewesen zu sein, und wahrlich, diese Lehrart ist so umfassend, so tief in das Wesen Gottes und der Natur eingreifend, dass durch die zweckmäßige Anwendung derselben alle Rätsel sich lösen, die Kräfte des Geistes sich entwickeln und jene wunderähnliche Erscheinungen entstehen, die wir an Moses, Elias, den Propheten, an Christus und seinen Aposteln bewundern.

So wichtig jedoch diese Art zur Erkenntnis zu kommen sein mag, so ist sie doch gerade diejenige, wovon wir gerade die wenigen klaren Begriffe haben. Der gebundene, durch mehrfache Lehrsysteme eingeschüchterte Mensch hat sich von jeher gefürchtet, und fürchtet sich noch vor einer Lehre, die den Menschen an sich selber weist und ihm die Mittel zeigt, auf technischem Wege den Geist zu erkennen, sich Gott zu nahen und die Gesetze des Lebens und der Unsterblichkeit zu erringen.

Ebenso wenig kann sich der kalte Rationalismus dazu verstehen, geistige Kräfte aus sichtbaren Formen zu ziehen. Aus diesem Grunde begreifen wir das Wort im Zeichen und der Berührung; Berührung und Zeichen aber im Wort nicht mehr.

Auch hat sich die Dreieinigkeit des Wortes durch Lippe, Zunge und Gaumen gänzlich verloren, indessen wir durch diese 3 Abstufungen allein im Stande sind, von außen nach innen und endlich in den Mittelpunkt zu dringen. Wir sprechen ganz altklug die Worte: *Die Haut löst sich vom Fleische, das Fleisch verlässt die Knochen*, und schämen uns nicht, etwas zu sagen, wovon wir nicht nur keine Idee, sondern auch nicht einmal den Willen oder den Mut haben, etwas Verständiges dahinter zu suchen. Zwar sind die Worte, die wir bei dieser Handlung der Aufnahme gebrauchen, dem Zwecke nicht ganz entsprechend, und es ist Sache des Engbundes, hier die rechtmäßigen Mittel zu suchen. Zeichen, Griff und Wort sind, obschon 3 doch nur Eines.

Das Wort ist Zeichen und Berührung; Berührung ist Zeichen und Wort und das Zeichen ist Wort und Berührung; das Zeichen ist ein stehendes, Berührung ein empfundenes und das Wort ein lebendiges bewegliches Wort. Alle drei wirken jedoch stets als Einheit, indem kein Wort ohne Zeichen und Berührung, kein Zeichen ohne Berührung und Wort und keine Berührung ohne Wort und Zeichen stattfinden kann. Übung löst diese scheinbaren Rätsel, die Magier gingen nach pestalozzischer Manier zu Werke, lernten zuerst die Sache, dann gaben sie ihr Namen.

Zu dem Zeichen gehört auch die Stellung mit den Füßen im rechten gleichwinkligen △ oder sonst einer zweckmäßigen Form. Ferner gehören hierher die Schritte des Lehrlings, Gesellen und Meisters. Die Auflösungen aller Zeichen, um sieh zu erkennen zu geben und endlich die Haltung des ganzen Leibs, um in uns das Gefühl des Schicklichkeit und des Anstandes zu erwecken. In dieser Rubrik ist vieles zu tun, und nirgends der Lohn so sicher, weil wir durch keine Demonstrationen und Hypothesen irregemacht werden können alle Erkenntnisse aus praktischer Erfahrung entspringen.

Wenn wir daher diese Symbole ernstlich betrachten, so wird man versucht, es allein für wahre Freimaurerei zu halten, weil keine andere Lehre der Menschheit eine solche Freiheit gestattet, und ohne alle Nebenwege und Nebenbegriffe zum Ziele führt. Doch man darf keinem vorgreifen, indem die Gemüter verschieden sind, und Einer durch Frömmigkeit, ein Anderer durch Studium, ein Dritter aber durch beharrlichen Fleiß am sichersten zur Erkenntnis kommt.

Von den angeführten 5 Symbolen bildet jedes ein vollständiges System, durch dessen Bearbeitung man zur Reife und zur Bestimmung seines Daseins gelangt. Jedes derselben wird bei einigen Nationen als gebotene Richtschnur behandelt und ausgeübt. Noch jetzt finden wir das christliche Prinzip in allen Weltteilen, das Mithrasche in einem Teil von Asien, das mosaische und paradiesische, letzteres jedoch höchst unvollständig, als religiöse Institutionen behandelt. Die Freimaurerei hat diese Systeme alle in ihre Ritualien aufgenommen, um sich durch deren Bearbeitung vor aller Einseitigkeit zu wahren und die gehörige Freiheit zu behaupten.

6. Die folgenden Symbole, obschon aus der Natur geschöpft, jedoch nirgends, außer mit einem der obigen verbunden, bearbeitet, haben in dieser Beziehung geringeren Wert, sind aber doch von der Art, dass der Freimaurer, welcher das Theoretische und Praktische seiner Kunst besitzen will, sie notwendig erkennen muss.

Das erste von diesen Symbolen sind die 3, 5 und 7 Stufen des Lehrlings-, Gesellen- und Meistergrades. Diese Stufen bezeichnen den Eintritt in den Tempel und zugleich die Abteilung desselben. Der menschliche Körper ist der Tempel, aus seiner natürlichen Einteilung entstehen die Stufen.

Der Lehrling teilt seinen Körper in Beine, Rumpf und Haupt. Der Geselle macht aus den Beinen zwei Teile, aus dem Leib zwei und gewinnt mit dem Kopf fünf Stufen.

Der Meister rechnet die Füße bis an die Knöchel, von da bis an das Knie, dann zu den Hüften, und erhält die 3 untern Stufen. Den Leib teilt er wieder in drei Teile, in den Unterleib bis zum Nabel, von da an bis an die Herzgrube, dann bis an den Hals und gewinnt die drei Lebensstufen; das Haupt bildet die siebente Stufe als die Krone des Ganzen.

Wenn man die Arme in die Höhe streckt, oder sie überhaupt zum Stufengang rechnet, so besteht der menschliche Körper sogar aus 9 Stufen, und wir haben eine wesentliche Bedeutung für die Zahlen 3, 5, 7 und 9, welche so ost bei Maurerarbeiten und in Maurerschriften vorkommen.

Alle Stufen des Leibes geistig zu fühlen, ist keine geringe Arbeit und wer von den Füßen bis zum Scheitel sich geistig nennt, in allen Abteilungen zu arbeiten versteht, hat eine Selbstkenntnis errungen, die hinlänglich ist, ihn zur reinsten Erkenntnis Gottes zu erheben. Die Lehre der Stufen ist aus dem Ton-, dem Planetensystem und dem Bau der Schöpfung entnommen. Die Zahl 12 als chromatische Tonleiter ist an den Himmel geschrieben und gibt einen Beweis, wie tief die Alten in die Natur eingedrungen gewesen sein müssen, da sie solche Verhältnisse erkannt und ihre Wirksamkeit zu fühlen und auszusprechen imstande waren. Kundige Arbeiter teilen jede der oben genannten Stufen, die unter sich, wie die Oktaven der Musik in unwandelbaren Verhältnissen stehen, noch einmal in 7, sogar in 12 Unterstufen, ein, und gewinnen dadurch einen Reichtum, den die Ewigkeit nicht zu erschöpfen vermag.

7. In den Säulen, welche auch den menschlichen Leib darstellen, sind die Werkzeuge und sogar der Lohn für den Arbeiter aufbewahrt In den Säulen sind Buchstaben; Buchstaben sind die Werkzeuge, zu arbeiten und den Eingang zu öffnen; das aus Buchstaben gebildete Wort aber ist der Lohn, den wir zu empfangen haben. In dieser Beziehung kann nicht leicht ein Symbol bezeichnender sein als dieses. Es ist offenbar salomonischen Ursprungs und so tief gedacht, dass wir billig über die Wahrheit und Einfachheit desselben erstaunen müssen.

8. Ein ferneres Symbol, wenn auch nicht von Salomo selbst, doch gewiss von einem Meister seinerzeit aufgestellt, ist der raue Stein, den der Lehrling zu behauen hat. Der behauene Stein, welchem der Geselle die reine Quadratur gibt, und den endlich der Meister in vollkommen kubischer Form zum Bau des Tempels fügt. Wer dieses Bild nur moralisch deutet und sich darnach richtet, wird nicht weit von der Vollkommenheit zurückbleiben; wenn ihm vollends die Werkzeuge Buchstaben sind, und er selbst der Stein ist, so ist dieses einfache Symbol ein System, das unfehlbar zur inneren Erkenntnis, zur Weisheit führt.

9. Das Klopfen bezieht sich auf das Zeitmaß der Naturtätigkeit, indem es die Zeit in bestimmte Intervalle und Formen abteilt, zugleich aber auf die erschütternde Wirksamkeit, womit man die Lebenskraft zu erregen Imstande ist, hinzielt. Dieses Symbol ist allen Nationen eigen. Teut erscheint mit seinem Hammer Myolnir, womit er Berge und Felsen sprengt. Die christliche Religion sagt: Klopfet an und es wird euch aufgetan. Die Magier haben das Klopfen mit dem Zeichen verbunden und große Wirkungen hervorgebracht. Überhaupt ist der Hammer das Sinnbild der alles erregenden unendlichen Urkraft.

Wir finden in den Instruktionen noch mehrere Symbole, die zwar alle auf Erweckung des Geistes zielen, aber die Vollständigkeit eines Systems entbehren, und darum überlassen wir jedem, sie nach eigener Ansicht, sowohl moralisch als wesentlich zu deuten. Wer nur einmal einige Symbole deutlich verstanden hat, dem lösen sich alle anderen von selber, weil alle, wenn auch unter verschiedenen Formen nur Ein Ziel haben.

Das Ziel aller rein philosophischen, religiösen, auf das Wesen der Menschheit gegründeten Institutionen ist Geisteserkenntnis und durch diese Erkenntnis Gottes.

Zu diesem Behuf muss jeder in sein Inneres dringen, dort die Sprache oder das Wort des Geistes vernehmen lernen und so die Herrschaft über innere, wie über sinnliche Eigenschaften gewinnen. Wir haben oben gesehen, auf wie mancherlei Weise dieses geschehen kann, und wollen zur Befestigung der bezeichneten Lehren noch einmal das Ganze in seiner praktischen Beziehung überschauen.

1. Die Säulen und der Altar sind Überlieferungen aus einem primitiven Zustand, wo der Lehrling in sich als der ersten Säule die Vokale, der Geselle in der zweiten die Konsonanten, der Meister auf dem Altar Worte und Sätze sprechen lernen soll. Dieses ist das israelitische System.

2. Ich bin das A und das O, der Erste und der Letzte, folglich das ganze Alphabet, ist eine Aufforderung, dasselbe in uns aussprechen und dadurch Glauben, Lieben und Hoffen zu lernen.

3. Schönheit, Weisheit und Stärke sind mehr szientifischer als praktischer Natur, doch sehr erhebend für das Gemüt, sobald wir einmal begreifen können, dass aus vollkommener Stärke vollkommene Weisheit und aus dieser notwendig die Schönheit hervorgeht.

4. Die drei Lichter: Sonne, Mond und Meister vom Stuhl als Mithraslehre, wirken durch die Betrachtungen des einfachen und doch großartigen Systems so wohltätig auf unseren Geist, dass er sich von den irdischen Banden löst und aus dem reinsten Lichtstoff sich Nahrung sammelt.

5. Zeichen, Griff und Wort sind rein praktisch und darum in unserer Anstalt als Bestandteile beinahe des ganzen Zeremoniells festgesetzt worden. Im Zeichen und mit der Selbstberührung treten wir in den Tempel, im Zeichen und mit der Selbstberührung sprechen wir in der Loge und hören die Worte des Meisters. Durch 9 Zeichen, Griffe und Worte unterscheiden sich die Grade der Freimaurerei, ja alles, was in der Loge geschieht, wird durch diese getan. Und es ist hier nur zu bedauern, dass dieser Zweig nicht so bearbeitet wird, wie er es vermöge seiner Intensivität verdient. Alles ist hierdurch zu erzielen. Das Wort als Stärke, Weisheit und Schönheit wird uns klar, der Körper in die richtige Haltung gestellt, lässt das Innere ungestört walten; dadurch verschwinden die Leidenschaften, der Nebel der Unwissenheit in göttlichen Dingen flieht und wir sehen mit freudigem Dank den Stern des Lebens, der sich aus den Lineamenten und der Regsamkeit des Wortes gebildet.

Der Freimaurer lerne das Zeichen, das er außen anlegt, im Inneren fühlen, er übe mithilfe des Meisters im Inneren fleißig das Wort seines Grabes, bis er die Fähigkeit erlangt, es wieder zu hören, ihm Fragen vorzutragen und die Antwort zu vernehmen. Bei dieser Tätigkeit ist Übung die Hauptsache.

6. 7. 8. 9. Die unter diesen Nummern bezeichneten Symbole sind, wenn wir sie fleißig bearbeiten, von äußerst wohltätigen, moralischem Einfluss. Ob wir sie für sich selbst behandeln oder auf eines der obigen Systeme übertragen, werden sie ihre Wirkung nicht verfehlen, indem sie ans der Natur entnommen, uns notwendig veredeln und zugleich vom Materialismus sowohl, als seiner gefährlichen Mystik entfernen, in welche man so leicht verfällt, wenn man sich aller Sichtbarkeit entzieht und in einem idealen Reich einen Tempel zu bauen trachtet. Gott und Natur sind nur Eines, der Mensch zwischen beiden als Mittler steht in derjenigen richtigen Mitte, wo er, indessen er mit Gott spricht, die Einflüsse der Natur empfindet.

Über ein Symbol, den Tapis, sollte noch gesprochen werden. Aber dieses ist in Hinsicht der Mannigfaltigkeit der zu beschreibenden Gegenstände eine Aufgabe, die ich auf ein andermal verschieben muss, ungeachtet es mir sehr angenehm wäre, die Sache einmal schriftlich ausgesprochen zu haben.

Gesagt muss es umso notwendiger werden, als er das zuverlässigste Dokument ist, und alles in sich enthält, was Menschwerdung, Veredlung der Menschheit und sichere Dauer verbürgen kann. Der große Baumeister möge mir Kräfte geben, alles noch auszusprechen, was er mir in meine Seele Gelegtes geoffenbart hat.

ISBN 978-3-8190-2046-9
00001
9 783819 020469
www.epubli.com